U0927534

乐享汇
分享·快乐的阅读
Happy Reading to Share

每天懂一点
拯救上班族的数学

[日] 深泽真太郎●著
郭勇●译

湖南文艺出版社
HUNAN LITERATURE AND ART PUBLISHING HOUSE
博集天卷
CS-BOOKY

图书在版编目（CIP）数据

每天懂一点拯救上班族的数学/（日）深泽真太郎著；
郭勇译．—长沙：湖南文艺出版社，2014.1
ISBN 978-7-5404-6515-5

Ⅰ．①每… Ⅱ．①深… ②郭… Ⅲ．①数学－基本知识 Ⅳ．①O1
中国版本图书馆CIP数据核字(2013)第286786号

著作权合同登记号：18-2013-417

上架建议：心理学·时尚读物

每天懂一点拯救上班族的数学

著　　者：（日）深泽真太郎
译　　者：郭　勇
出 版 人：刘清华
责任编辑：薛　健　刘诗哲
监　　制：蔡明菲　潘　良
策划编辑：李彩萍
封面设计：面　团
版式设计：利　锐
版权支持：文赛峰
营销编辑：尤艺潼
出版发行：湖南文艺出版社
（长沙市雨花区东二环一段508号 邮编：410014）
网　　址：www.hnwy.net
印　　刷：北京缤索印刷有限公司
经　　销：新华书店
开　　本：880mm × 1230mm 1/32
字　　数：165千字
印　　张：6.25
版　　次：2014年1月第1版
印　　次：2014年1月第1次印刷
书　　号：ISBN 978-7-5404-6515-5
定　　价：29.80元
（若有质量问题，请致电质量监督电话：010-84409925）

前　言

虽然有点唐突，但我还是想先提一个问题。

对于“数学”，读者朋友们都留有什么样的印象呢?

◎很难

◎能解开题的话，还是挺有意思的……

◎学校的课程中，最无聊的一科

◎我从生理上就不适合学数学

哎呀哎呀，大家对数学的评价还真是够苛刻呢。

那么再问你一个问题，对于“数学方面的专家”，读者朋友们又有怎样一种印象呢?

◎一句话，头脑非常聪明

◎感觉他们不太容易相处

◎我的印象中，他们的交往能力应该很差

◎似乎不太受欢迎

◎怪人

实际上，以上全是我周围朋友的回答。但是，这也有点太不近人情了，数学专家有那么不可爱吗（苦笑）?

当然，也有人对数学、数学专家抱有积极的印象，但还是抱有消极印象的人占大多数。除了一小部分数学的爱好者之外，大部分朋友在成长的过程中都没有感受到数学的魅力。还不了解数学的好处就长大了，想想这也算一件挺可怜的事情吧（笑）。

作为本书的作者，我对数学专家的印象，和前面列举的答案完全相反。

◎头脑只能说不算差，但谈不上多聪明

◎性格上似乎非常和蔼可亲

◎据说他们与人交流和沟通的能力还不错

◎虽然很短暂，但他们也有受欢迎的时期

◎不好不坏，应该说很普通

这本书和你以前看过的数学书都有所不同，我教你的学习数学的方法，和以前你在学校里刻苦地学习数学的方法也大不一样。我现在要教你的，是商务人士在工作中使用的数学。

你不用担心，看这本书不用准备笔和笔记本，也不用端坐在书桌前集中百分百的注意力去读。和心上人约会，等待心上人出现时，你可以拿出这本书读一读；泡澡的时候可以读一读；入睡前躺在床上也可以读一读……总之，什么时候有空就什么时候读。这本书你可以在自己喜欢的时间，选择自己喜欢的内容，按照自己的步调随性地阅读。

我不是一位数学家，也不是学校的数学老师，只是一名商务数学顾问。

各位商务人士朋友，快来和我一起学习“工作中也能用到的数学”吧！

对了，忘记了一个非常重要的词，那就是“快乐地学”！

深泽真太郎

0
1
9 2
8
7
5
6
4
3

CONTENTS

目 录

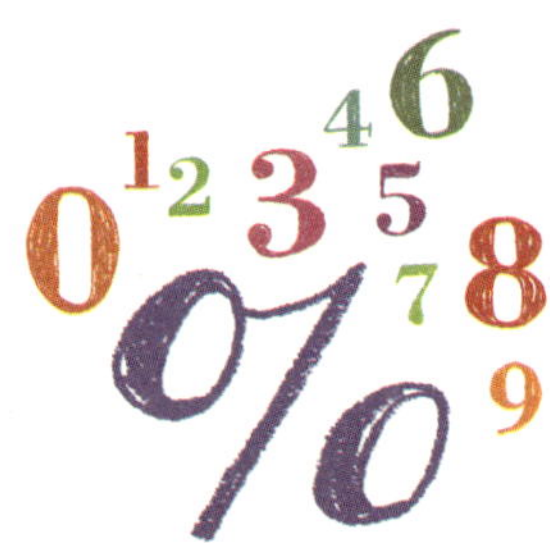

第一章

商务人士不需要难懂的数学

第三章

“学生时代数学成绩好的人，工作后收入比较高”，这是真的吗

第四章

就是这么简单！克服数字过敏症的七种良药

第五章

文科出身的商务人士也能做到！对商务工作绝对有帮助的数学技巧

最后一章

把数学当作朋友的话，你的商务工作会发生巨大的变化

第一章

商务人士不需要难懂的数学

01 工作效率高的人，最初都做些什么

一个数字游戏教会我们的重要道理

“数学？不管怎样，我就是不喜欢！”“数学？我从生理上受不了它！”这本书，就是为那些对数学怀有极端畏难情绪的商务人士编写的。

不好意思！忘了做自我介绍，我是深泽真太郎，曾经是预备学校的一名数学老师。后来进入时装界，在服装企业工作。现在，我有一个头衔是“商务数学顾问”，为全国的商务人士、大学生等举办研修班、研讨会，提供工作中也能用到的数学指导。

工作中需要的数学到底是什么样的数学呢？在第一章中，我首先会解答朋友们的这个疑问。而且，我想努力改变数学在大家心目中极端讨厌的印象，希望大家对数学产生一点积极的想法，哪怕一点点也好。

可能有点唐突，但在进入正题前，我要请大家做一道测试题。请看下一页的图1-1，其中的数字是无序排列的。请你按照1→2→3→4→5→6→……的数字顺序，用手指快速指出每个数字所在的位置。当你按顺序找到最后一个数字30时，看看自己花了多少时间。这道测试题很简单吧，相信小学生都很乐意去尝试。不过，在正式开始寻找数字前，我给你15秒的准备时间。请你充分利用这15秒，仔细看图中的数字。

准备好了吗？那我们开始了。预备，开始！

图1-1　来和数字成为好朋友吧

结果怎么样？每个人所花的时间都会不一样，而且还可能存在很大的差异。一般而言，年龄越大，所花的时间越多，这种倾向比较明显。请你的家人、朋友一起来比试一下吧，一定会引发一阵数字热潮！

接下来，我们进入正题。在这些看似随意排列的数字中，你注意到有什么特别之处了吗？不要近距离紧紧盯着这些数字，把书拿远点，从整体上审视它们，也许你就会有所发现。让我把谜底透露给你吧：这些数字并不是胡乱排列的，图中的数字可以划分为四个区域，如图1–2所示。那么，具体是按照什么规律进行划分的呢？那就是“除以4的余数”。举例来说，5、9、13、17等数字除以4，余数全是1，这些数字被集中排列在图中右上角的区域内。

图1–2　数字的排列中暗藏玄机

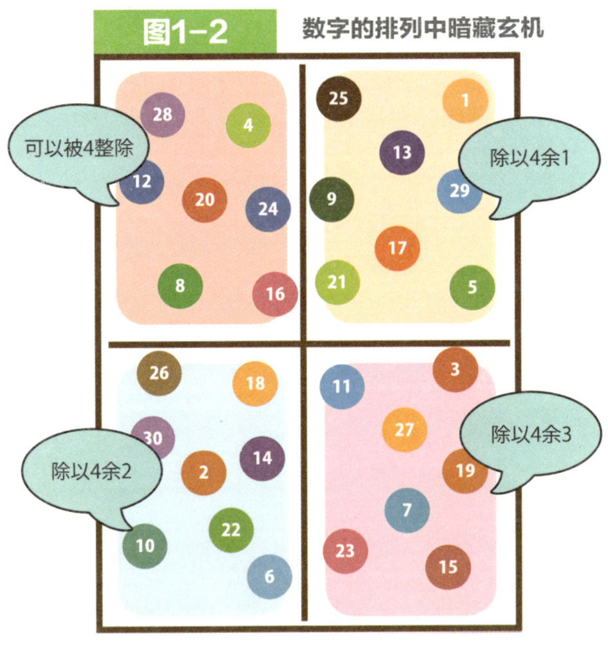

注意：数字1、2、3分别放入对应余数的区域。

那么，在了解了数字排列的“玄机”后，请你再做一次前面的测试（还是要认真做哟）。结果，几乎100%的人都比第一次用的时间短。这能说明什么呢？我认为：

具有纵观全局能力的人，能够从整体上对事物加以把握，工作效率自然更高。

很多经管类的书籍都会提到这一点，而且似乎是理所当然的道理。那么，具体而言，不具备这种能力的人是什么样子，而具备这种能力的人又是什么样子呢？就如同我们刚才所做测试一样，第一次做测试，大家只是简单按照数字顺序寻找，这就是不具备纵观全局能力的表现；第二次做测试则不同，会到相应的区域中寻找数字，这说明你已经学会从整体上把握事物。结果很明显，简单按照数字顺序寻找的速度要慢很多。所以，一开始我才给你15秒观察这些数字，目的就是想让你找出这些数字的排列规律。

请你观察一下身边的人，那些工作起来效率极高的人，他们有什么秘诀吗？是不是跟纵观全局的能力有关？

02 请试着填空

只计算答案的数学，商务人士不需要

我听说现在不少国家采用的算术教学方式和日本不同，下面我想带大家一起体验一下。

其实，这是一个非常简单的数字游戏。请你在两个空格中分别填入一个整数，让等式成立（填入的整数不能为负数，而且仅限0~9的数字）。

□ - □ = 5

比如，6和1，7和2。像这样，我们很快就可以找出几组符合要求的数字。

（6、1）（7、2）（8、3）和（9、4）

等等，是不是遗漏了什么？对，还有0呢。令人意外的是，0经常被人忽略。所以，准确的结果应该是：

（5、0）（6、1）（7、2）（8、3）和（9、4）

在这里，我希望大家能回想起小时候学习四则运算时的情景。那么久远的事情，你可能已经淡忘了，但学习四则运算时大体是按照下面这样的顺序。

首先，老师教会我们规则

根据规则，计算给出的算式

给出正确答案，就OK了

例如，“9－4=？”老师提出这个问题后，同学们一齐回答：“5！”老师表扬道：“很好！”然后，又给出“6＋3=？”之类的问题。仔细想来，采用这样的教学方式引导学生，最终得出正确答案，难道不是理所当然的事吗？之所以这么说，是因为老师已经教给了学生具体的方法。刚才所做的数字游戏则完全不同，其本质区别在于：

游戏先给出结果，然后让人思考得到这个结果需要些什么。

说了这么多，总要联系到商务工作中来。其实，在商务工作中，结果已经事先确定的情况比比皆是。举例来说，公司本年度的毛利润目标额为10亿日元。为了实现这个目标，上司会告诉我们，本年度的销售额一定要到达到□亿日元，而成本应该尽量控制在△亿日元，□－△=10亿日元。也就是说，大家都是按照前面介绍的那个游戏规则，反过来计算，来做这道填空题的。

再举一个例子，一般来说，销售额是平均单价、顾客人数以及顾客平均购买次数三者相乘的结果。销售额目标一般是事先确定的，那么该如何设定其他三项的数值，也就是说如何填空，就是企业市场调查时要做的工作了。而且，答案绝对不会只有一组。

□－□=利润

□×□×□=销售额

“9－4=？”得出正确答案就OK，在这种模式的数学教学中长大的我们，对于现实工作中需要反过来填空的方式，似乎不太适应。但是，我觉得，大家从现在开始学起，也为时未晚。请大家尽情享受用填空的方式做四则运算的乐趣吧！

从能力开发和思维训练的角度来看，填空的方式无疑比正向计算的方式更好，而且在实际工作中也更加有用。在本书的后半部分，这种填空的方式还会登场，敬请期待。

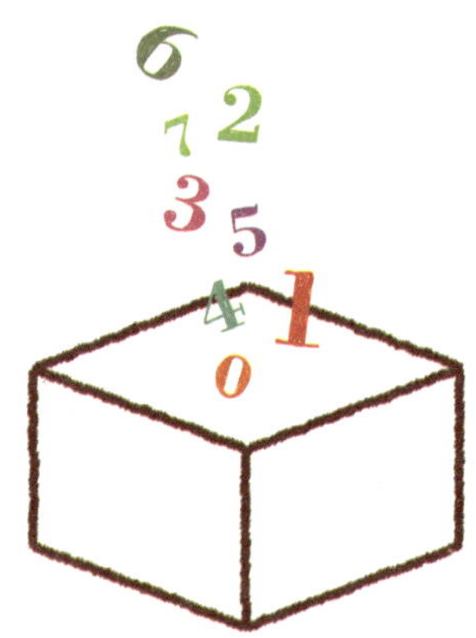

03 聪明地分摊费用

在商务工作中，真正需要的数字能力是什么

下面将要介绍的这种情形，恐怕每个人都遇到过。

下班前，几位同事突然决定晚上一起小酌几杯，高兴一下。席间，大家喝得都很尽兴，推杯换盏间不亦乐乎。到了快散场的时候，大家决定AA制分担费用。于是，身在其中的你赶快掏出手机，准备用手机内置的计算器算出每个人应该分摊的费用。不过，先等等，你准备做什么样的计算呢？我们这一小节要讲的就是聪明地分担费用的本领。

问题?

假设你是晚上聚会中大家推举出来的负责人（男性），要计算出每个人应当分摊的费用。此次聚会共有5个人，一共消费19,220日元，大家决定AA制付费。不过，5人中有两位女士，你准备让这两位女士少出一点钱。那么，你该怎么计算呢?

先计算出5个人平均分摊的费用，即每个人应该出多少钱：19,220÷5=3,844（日元）。不过，你准备让女士少出一点钱，那么每位女士就出3,500日元好了。可是，此时就出现了两个344日元的差额，那么每位男士应该出多少钱呢?

怎么样？到了这一步，恐怕已经有人感觉头脑混乱了。这样算下去，虽然也能得出结果，但恐怕非常麻烦。读者朋友们可能已经觉察到了，上面的

方法是计算分摊费用中很笨的一种。那么，有没有聪明一点的计算方法呢?

在揭晓答案之前，我想先请读者朋友们思考一下。前面介绍的计算方法中，到底哪里不好？其实，不仅仅是这个问题本身，日本人的国民性中也存在类似的问题。日本人不管做什么事情，都有做到严格精确的倾向。而且，日本人认死理，认为只有每一处细节都做到精确无误，才是“正确”的。而解决分摊费用的聪明方法，其关键点正在这里。

先“粗略”一点也没关系

对，我们先要粗略一点，下面为你具体说明。总共消费19,220日元，我们可以粗略地当作20,000日元。这样，5个人平均分摊的话，每人应该出20,000÷5=4,000（日元）。这个时候再考虑为女士酌情减少费用的事情。要给两位女士减少费用的话，首先要计算出估算金额与实际支出金额之间的差额，20,000－19,220=780（日元），即出现了780日元的差额。那么，只要两位女士每人少出390日元的话，最后的账目就对上了。可是，390日元这个数字也不是整数，还得找零钱，不太方便。这个时候，再粗略一点，干脆让每位女士少出400日元。最后还差的20日元，就由聚会的负责人来承担就可以了。这样计算下来，是不是简单很多（见图3-1）？

图3-1 5个人如何分担19,220日元的费用

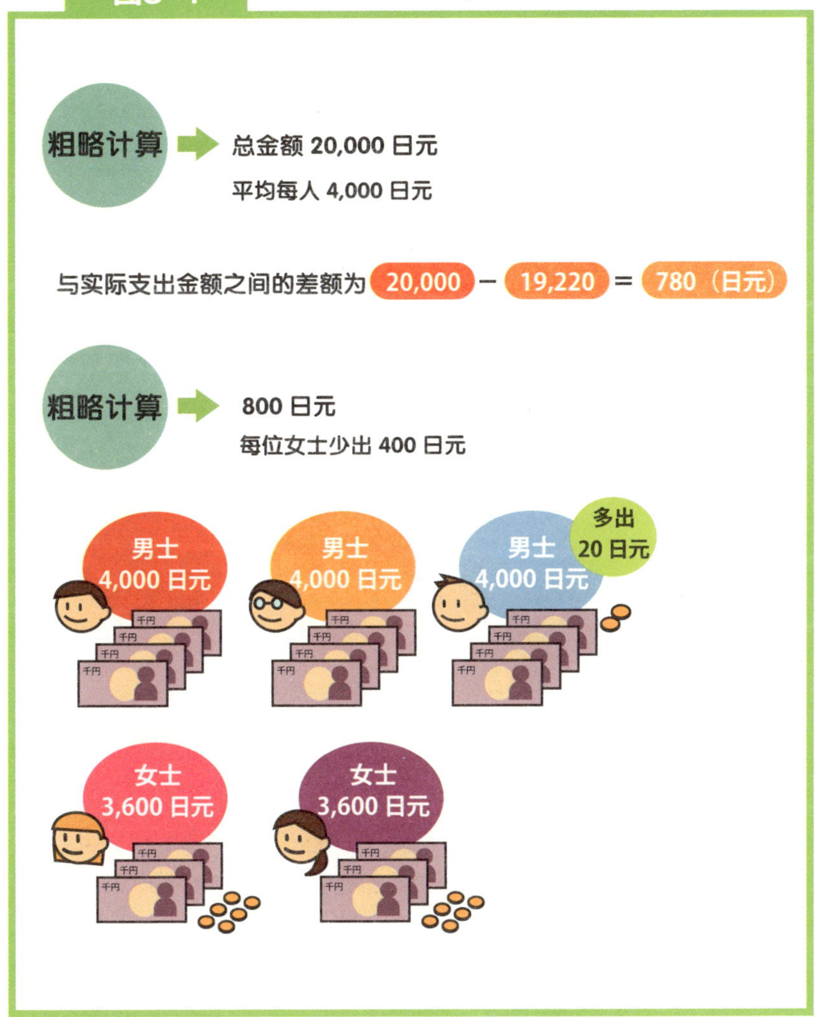

关于分摊费用，请大家再做一道练习题。

问题?

X先生、Y先生和Z先生，三人被公司临时指派出一趟公差，当天往返。这天，X先生垫付了三人的高速巴士车票16,400日元，Y先生垫付了三人的午餐4,700日元，Z先生垫付了购买见面礼的2,600日元。另外，X先生之前还曾向Y先生借了4,000日元。这个时候，三人要把所有账目清算一下，那么，谁该给谁多少钱?

怎么样? X先生借的钱要在这个时候还给Y先生，让这个问题变得稍微麻烦了一些。对于习惯了把什么数学问题都交给计算器解决的朋友来说，恐怕有点困难吧。但是，在本题的清算账目中，只涉及“收到”和“支出”两种类型，即“正”和“负”。对于出现的数值，只需进行加法或减法的计算，就可以得到正确答案，所以我觉得还不算太难。具体的算法如下：

首先，不管是谁出的钱，先计算出出差当天的花费总额：

16,400＋4,700＋2,600=23,700（日元）

将花费总额除以3，就得到平均每个人的出差费用：

23,700÷3=7,900（日元）

每人的平均出差费用，因为是各自应该“支出”的金额，所以用“−”表示。而各自垫付的金额，在清算时要还给个人，所以应该是“收到”的金额，要用“＋”表示。另外，X先生还钱给Y先生的时候，X先生还的金额是“支出”，所以用“−”表示，而Y先生是“收到”，所以用“＋”表示。据此，便可整理出下一页的表格。X先生、Y先生和Z先生各自支出和收到的金额，在相互抵销后，就得到了最终的清算结果。

单位：日元

	每人的出差费用	各自垫付的金额	X先生的借款		各自的清算金额
X	−7,900	16,400	−4,000	➡	4,500 日元
Y	−7,900	4,700	4,000	➡	800 日元
Z	−7,900	2,600	−	➡	−5,300 日元

结果，X先生应该从Z先生那里拿到4,500日元，Y先生应该从Z先生那里拿到800日元。

此外，由于是清算账目，所有表格右端的数字合计起来一定为0。如果合计结果不为0，那说明其中某个地方出错了，很有可能是把“+”和“−”的关系弄错了。

那么，这个分摊费用的话题和商务工作又有什么关系呢？前面已经说过，大家是不是有一种误解，认为不管什么事情都是越细致越精确，就越好呢？当然，在商务工作中，有很多地方是需要细致和精确处理的。比如，会计报表中的数字以及每天上报的销售额等经营指标，如果不准确就麻烦了。但另一方面，也有很多情况并不需要绝对准确。比如，在对下一季度的销售额进行预测时，就没有必要精确到个位数。紧急召开会议时用到的资料没有必要，也不可能做到完全准确。而在我们平时的工作中，倒是这样的工作占了大多数。

再有，商务工作中常涉及“损益”的问题，而损益不过是“负”与“正”的概念而已。对于数字，我们只要知道它是正的还是负的，就可以了，没有必要进行特别复杂的计算，最多到前面例子中账目清算的程度。

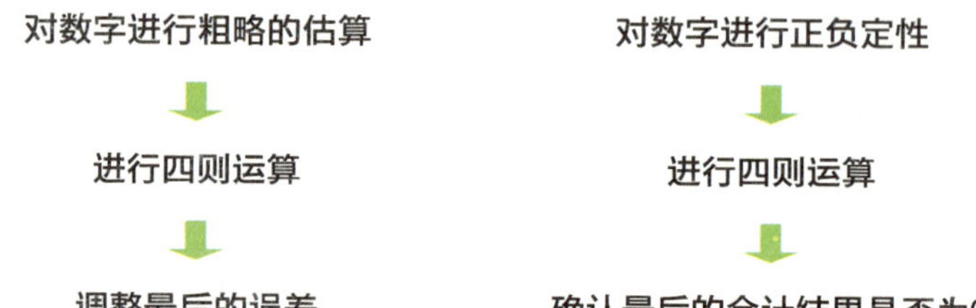

上述两种数学思维模式，就是我认为的商务工作中所需要的“数字能力”。AA制分摊费用什么的，你不能只把它当成一个数字游戏，而产生轻视的心理。虽然小学生都会做这样的算术题，但是，放到我们大人身上，会因为思维方式的不同，而产生差别迥异的计算过程和结果。我想遇到前面两个问题就马上拿出电子计算器的人，在工作中恐怕也不是太出色吧。

04 请选出不是同一类的那个

"这个和○○○是同类的"，要具有这样的置换能力

"请选出不是同一类的那个！"我想，你在学生时代肯定做过类似的题，我甚至都能想象出你盯着图仔细研究的样子。是不是有点怀念呢？下面我们就来挑战一道这样的题。做这样的题，需要具备中学数学中的一些基本概念。

问题？

图4-1中，有一个图形和其他两个图形不属于同一类，请找出不是同一类的那个图形。

图4-1 请选出不是同一类的那个图形

A B C

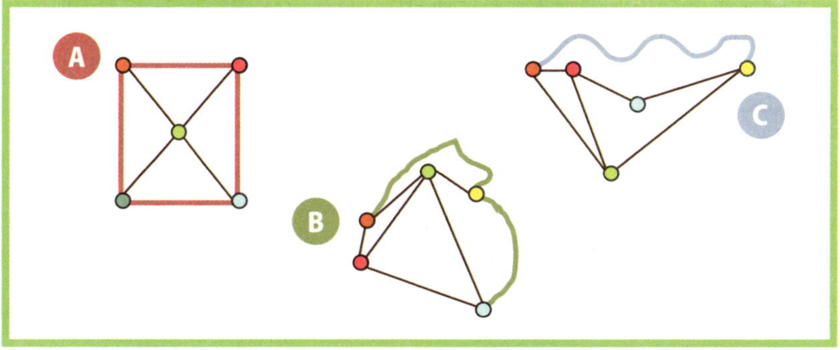

给你一点提示，请留意每个图形的点和边。这样的话，在三个图形中，

你能找出两个属于同一类。也就是说，剩下的那个便是不同类的。我提示到这种地步，相信你已经找出了正确答案。没错，正确答案就是C，也就是说A和B属于“同类图形”。下面我具体讲讲其中的依据。图形A和B中，都有5个点、8条边，而且只有一个点发散出4条边，其他的点只发散出3条边。换句话说，A和B中点与线的关系是相同的，只不过在保持相同点线关系的前提下发生了变形而已。我们也可以这么说：

A和B，通过数学这一“过滤器”进行过滤之后，具有相同的结构。

只不过，通过这道题目我要考验读者朋友的并非数学知识，而是“数学感觉”。这道题的本质是：

对于具有相同结构的事物，我们要具备置换的能力。

为什么说商务人士应该具备这种能力呢？举例来说，你想减少自己的加班时间，可怎么都难以实现，为此你感到非常苦恼。有什么好的解决方法吗？对于这个问题，我听到过很多种回答，比如“雇用临时工”“引进新的系统和软件，实现办公自动化”等。这些方法虽然很好，但对于一个现实中的企业来说，可能没有那么多的资金采纳这些方法。我相信你具有优秀的才能，一定能想出办法解决这个问题。

这个时候，“置换”的能力就能派上用场了。加班的问题，就像向一个杯子里不停注水，而水不停溢出来的状态。将加班问题置换成结构相同的“注水问题”，我们就能找到解决的方法。具体的解决方法如下一页的图4-2所示，只有A和B两种方法。而且，参照“注水问题”的解决方法，再回头考虑加班问题的话，我们就可以得出结论：最佳的解决方法是A+B。

图4-2　将加班问题置换成注水问题

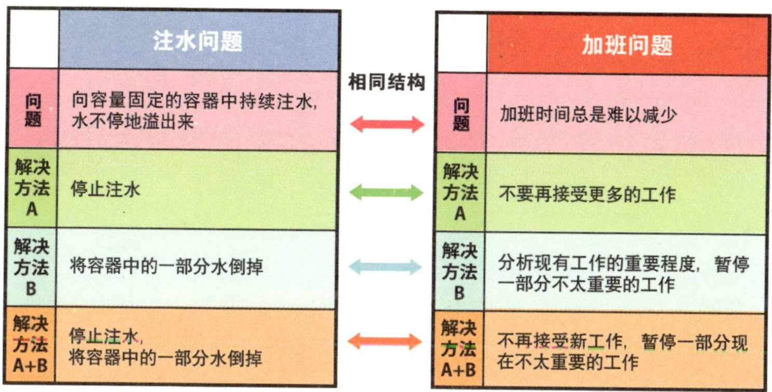

	注水问题	相同结构	加班问题
问题	向容量固定的容器中持续注水，水不停地溢出来	↔	加班时间总是难以减少
解决方法A	停止注水	↔	不要再接受更多的工作
解决方法B	将容器中的一部分水倒掉	↔	分析现有工作的重要程度，暂停一部分不太重要的工作
解决方法A+B	停止注水，将容器中的一部分水倒掉	↔	不再接受新工作，暂停一部分现在不太重要的工作

比较喜欢数学而且平时经常用到数学的人，这种“将问题置换成其他同类问题”的能力会非常强。

如果不习惯计算小数，可以置换成分数；

应用题可以置换成方程式问题；

一个图形可以置换成结构相同的其他图形……

实际上，这种置换能力不仅仅在解决数学问题中能够用到，这种思维方式对于商务人士来说也非常重要，因为在日常的商务工作中，置换的能力经常能派上大用场。

请认真观察一下你周围的朋友，肯定有人常说“这个嘛，和○○○是同样的问题”之类的话。我有一位朋友，曾经将没有战略方向但每日埋头苦干的人比喻为“在黑暗中搏斗的拳击手”，真是个很妙的比喻。优秀的商务人士无一例外都是“比喻高手”，而“比喻”其实就是一种“同类置换”。

05 那人说的话前后矛盾吗

最明显的差别不是数字识别能力，而是推理能力

在职场中，“谎话”有其用武之地。我在企业里工作的时候，就曾经说过不少谎话（当然，全都是善意的谎言啦）。但是不管怎么说，谎言就是谎言。如果我们能够识破别人的谎言，将使我们在工作中取得更大的优势。接下来，就为大家准备一个识破谎言的游戏。

问题?

A科长、B科长和C科长，分别做了如下发言。实际上，只有一个人晋升为部长，也只有这个人所说的话是真的。那么，请找出他是谁。

A科长：“晋升为部长的不是B科长。”

B科长：“晋升为部长的不是C科长。”

C科长：“我晋升为部长了。”

看到这个问题时，你打算从何入手呢？这不是一道计算题，所以需要一点技巧。首先，不管是谁的发言，我们暂且假设他说的是真话。假设A科长说的是真话，那么将会有如下推理：

A科长说的是真话（晋升为部长的是A科长）

⇒ 也就是说，晋升为部长的不是B科长

⇒ 那样的话，B科长所说的“晋升为部长的不是C科长”也就是真的了

⇒ 这样一来，A科长和B科长说的话都是真话，有两个人说了真话

⇒ 实际上晋升为部长的只有一个人，而说真话的也只有他一个人，于是出现了矛盾

⇒ 出现矛盾的理由是，假设A科长说的是真话

⇒ 由此推理，A科长说的不是真话

⇒ 也就是说，晋升为部长而且说了真话的是B科长

由此我们可以得出结论，晋升为部长的是B科长，而且他说的是真话，A科长和C科长都说了谎。此外，假设B科长说的是真话，以及假设C科长说的是真话时，都可以得出同样的结论。请你一定亲自尝试一下。

可能有朋友会说：“咦？这个问题和数学没有一点关系呀！”错了，这道题和数学有很大的关系。如果只把“给出规则，然后进行计算，得出正确答案”的问题看作数学题的话，那么不给出规则的问题，就无法解决了。这就麻烦了。特别是活跃于商务工作中的各位朋友，如果不给规则就难以解决问题的话，那很多工作根本就无法进行。也就是说，为了解决数学问题，有时需要先做出假设之后再进行推理。下面再给你举一个简单的例子。

为什么偶数加3之后，就变成了奇数?

现在，有一个偶数M，M=2N。

假设M+3是偶数，

⇒ M+3=2N+3，结果是偶数

⇒ 但是，2N+3=2（N+1）+1，用2是绝对除不尽的

⇒ 这与M+3是偶数的假设相互矛盾

⇒ **这个矛盾产生的原因，是假设M+3为偶数**

⇒ **因此，偶数加3之后，就变成了奇数**

现在，相信你已经了解了推理能力在数学中的重要性，但是这和商务工作到底有什么联系呢？接下来我就给你具体讲讲。通过学习数学培养出来的推理能力，在商务工作中的各个方面都能得到应用。特别是在分析对方说话的真正含义时，推理能力能发挥巨大的作用。

喂，现在回想起来，刚才那位负责人的发言是不是有点不对劲？

刚才部长进行的说明，和他上一周所说的话，不是前后矛盾吗？

客户刚才提出要退货，但他的主张中似乎存在自相矛盾的地方。

你是不是也经常遇到类似的情况？一开始我跟你一起做的推理题，并不单单是个游戏。如果掌握了从众多信息中分析发现矛盾的能力，那么在工作中就能注意到很多“不对劲”的地方。以下观点也许带有比较强烈的主观色彩，但我依然认为，像数字的认知能力、沟通能力、语言表达能力、Excel和PPT等软件的应用能力，人与人之间的差别并不是太大。但是，发现矛盾的推理能力，人与人之间可就存在天壤之别了。现在开始还不晚，赶快来和我一起锻炼推理能力吧！

06 方程式与龟鹤同笼算法，哪个才是正确解法

在商务工作中，带点强制才恰到好处

“龟鹤同笼算法”。

相信很多朋友都听说过这个词。特别是有考私立中学经历的朋友，对“龟鹤同笼算法”一定不会陌生。所谓“龟鹤同笼算法”，就是通过乌龟、鹤的总数和脚的数量，来计算乌龟和鹤各有多少只的数学问题。先做一道“龟鹤同笼”的题，我们一起回忆一下。

一只笼子里乌龟和鹤共有10只，合计32只脚，请问乌龟和鹤各有多少只?

首先，我们假设10只都是鹤，每只鹤有2只脚，那么10只鹤共有2×10=20只脚。但是，题目中说合计有32只脚，于是，32－20=12，即出现了12只脚的差额。

为了弥补这一差额，我们要将部分鹤换成乌龟。一只乌龟有4只脚，因此将一只鹤换成乌龟，脚的数量就多了2只。为了弥补12只脚的差额，12÷2=6，需要将6只鹤换成乌龟。

因此，这道题的答案是鹤有4只，乌龟有6只，它们的脚加起来正好有32只（见图6-1）。

虽然叫作“龟鹤同笼算法”，但并不一定非得是乌龟和鹤才能采用这种

计算方法。比如，“10日元硬币和50日元硬币共有○○枚，所有硬币的合计金额为□□□元，请问10日元硬币和50日元钱硬币各有多少枚？”这个问题和“龟鹤同笼”的题在结构上是完全一样的。在这里，我要问你一个问题。

图6-1　将一只鹤换成一只乌龟，脚就增加了2只

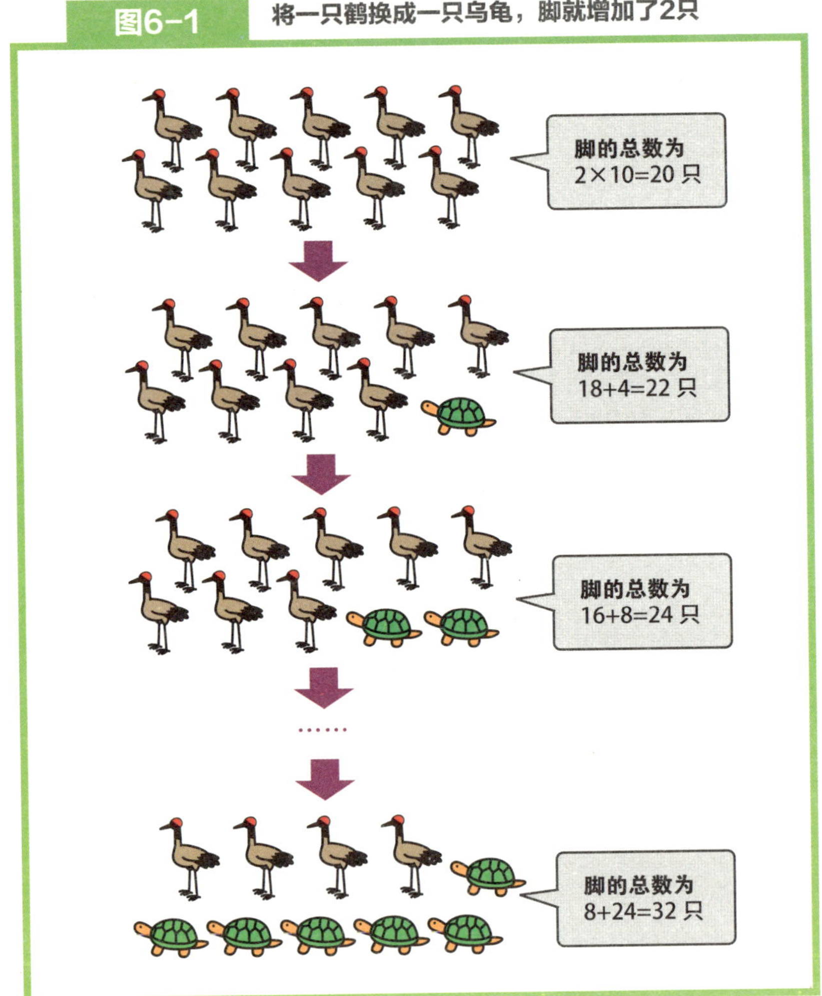

关于“龟鹤同笼算法”和“方程式”，你会不会产生如下疑问：

“龟鹤同笼算法”和中学数学中出现的“方程式”，从数学的意义上说，哪个才是更加正确（或者说更好）的解法?

确实，将乌龟和鹤的数量设为未知数X、Y，根据题目中给出的条件，建立方程组，同样也能得出正确答案。而且，可能更快捷、更简单。

我觉得，将“龟鹤同笼算法”和“方程式”进行比较，算是切中了要点。那么，下面我们就来深入研究一下“龟鹤同笼算法”和“方程式”之间的区别。

首先我要说，解题的方法不存在正确与错误之分。我坚持认为，为了得到正确的答案，过程和方法可以是多种多样的。这正是数学的魅力和乐趣所在，也是数学的深奥之处。

然而，如果把背景设定为“商务工作”的话，那就另当别论了。我可以先将结论告诉你，我们在商务工作中所需要的思考方法就隐藏在“龟鹤同笼算法”中。你知道为什么吗?

“姑且将其当作○○○来考虑”的置换思维模式很重要，在工作现场经常会遇到这样的情形，而且很多经济管理类书籍也把这个主张当作一个主题来讲解。关于这个“假设”的重要性，我深有同感，我想大家一定也能理解，不用再做更加详细的说明。

实际上，“龟鹤同笼算法”教会我们的就是“假设”的思维模式。举例来说，你所在的公司要争取成为市场占有率第一的企业，为此，你应该思考些什么呢? 只了解公司目前的市场占有率排在第几名就万事大吉了吗? 这可不行！这个时候，我们应该采取的思考程序和“龟鹤同笼算法”很相似。

假设全部都是鹤	⇔	假设公司的市场占有率取得了第一
脚的合计数与题目不符	⇔	销售额还差○○亿日元
将○只鹤换成乌龟	⇔	为了弥补销售额的差距，需要采取□□对策

与“龟鹤同笼算法”相比，“方程式”就简单多了。只要把要求的数字设成未知数，建立一个没有任何矛盾的方程组，一步一步计算下去，就能得到正确的答案。毋宁说，方程式更像是一位精明的商务人士应该使用的合理方法。然而，日常工作中充满了矛盾、错误和失败，十分精确的事情几乎找不到，因此这样的环境并不适合使用方程式。比如，销售额并没有按照预期成长；虽然大家都知道开长会浪费时间，但依然无法停止做这种低效率的事情……所以，在现实中，我们不仅要允许矛盾、错误和失败的存在，还要想办法弥补由此带来的负面影响，这不是一位合格的商务人士应该具备的能力吗?

举例来说，一名销售员如能使用“龟鹤同笼算法”的思维模式，他会产生如下一系列的思考：

首先，假设客户购买了我们的产品。

在客户使用产品的过程中，出现了问题，该怎么办?

为客户提供解决方案，解决产品的问题。

这样一来，就能让客户感到满意了。

乍看上去，这种“龟鹤同笼算法”的思维方式让人感觉有点不太合理，又有点强制性。现在，你还没有必要成为“龟鹤同笼算法”的达人，但至少应该重新认识一下这种思维方式。小的时候，虽然我们已经在学校学会“龟鹤同笼”问题的解法，但并不了解它在现实中的作用。现在，我们长大成人，走上了工作岗位，此时，“龟鹤同笼算法”中“假设○○○”思维方式的重要性就凸显出来了。我希望你能认识到这种思维方式的重要性，并掌握它！

如今，我会到很多大学去为毕业生做指导，帮助他们顺利地实现就业。在给他们讲课的时候，我绝不会讲方程式，而是教他们“龟鹤同笼算法”的思维方式。我想，其中的理由就不用我多说了吧。

07 随时随地都能学的“工作中也能用到的数学”，到底是什么样的数学

大家那么讨厌的数学，能给商务人士带来什么

在前面的几个小节中，我为大家介绍了小学算术、初中数学中出现的一些思维方式在现实工作中的各种应用，但那只是冰山一角。第一章的内容都非常重要，到了第一章的最后一个小节，我想再跟大家明确解释一下“工作中也能用到的数学”到底是什么样的数学，以及它能给商务人士带来什么。这一小节的话题可能有些生硬，不如前几小节生动有趣，但我向大家保证，第二章以后，我又会给大家讲很多有意思的话题。所以，现在请你暂时忍耐一下，耐心点把这一小节读完。

数学这种东西有什么用处？并不是生存必需的知识嘛！

我上大学的时候，因为是数学专业的学生，所以经常有人不怀好意地向我提出这样的问题。你可能也曾这样想过，而且现在依然这样想的朋友还是大有人在。我非常理解大家所怀有的这种疑问，也正因为如此，我要给大家具体讲一讲数学的用处。

首先，数学作为一门学问，对于我们自身五种能力的开发大有帮助。这五种能力分别是：“说明能力”“钻研能力”“否定能力”“想象能力”和“整理能力”。我总结的上述五种能力，可能和一些专家、学者的说法有所不同，但我也是专业人士，所以这本书就姑且按我的说法来深入探讨（关于

这五种能力，第三章会具体讲到）。

那么，作为本书主题的“工作中也能用到的数学”，到底是什么样的数学呢？简单地说，就是用数学中学到的思考方法和数字技巧，来解决商务工作中的问题。在之前几个小节中为你列举了一些例题和游戏，相信你已经感觉到了，其中涉及的数学知识大多是小学算术或初中数学的水平。实际上，这种程度的数学知识，对于商务工作来说已经足够了。

	作为一门学问的数学	工作中能够用到的数学
定义	开发五种能力的手段	对解决商务工作中的问题有帮助的思考方法和数学技巧
作用	说到底只是开发人的能力	说到底要在商务工作中进行应用
内容	小学算术、初中数学和高中数学	小学算术、初中数学知识的一部分

在高中和大学数学中登场的三角函数（正弦、余弦、正切和余切）、微积分、素数等专业知识，它们本身在商务工作中基本没有任何作用（毋宁说，它们本身也没有什么作用）。我这样说可能会让很多数学方面的专家感到愤怒吧。如果为了提高自己的工作能力，现在想重新学习数学的话，那么只需复习小学和初中的数学知识。除了极少的一部分知识外，高中数学根本没有必要去看。怎么样？你是不是感到安心了？如果你觉得这本书中所教的知识还不够，还想学更多工作中也能用到的数学知识的话，你也可以参加“财团法人日本数学认定协会”举办的商务数学讲座，或者参加商务数学认定的考试。在日本，官方提供的商务数学能力开发的教育培训，只有这些。

此外，如果你感觉到了数学的魅力，对数学产生了浓厚的兴趣，学习的目的也并非想马上应用到实际工作中，而只是当作一种“头脑体操”而快乐地学习的话，那么你可以挑战高中水平以上的数学知识。

不管你年龄几何，也不管你从事什么样的工作，掌握了以前不知道的知识，总是一件开心的事情。为了满足这样的愿望，日本有一间“为成年人开设的快乐数学教室”，这里提供数学方面的一对一指导。我就是这间教室的讲师，同时我也为教室的运营出谋划策、添砖加瓦。感兴趣的朋友不妨去看一看吧。

说到这里，生硬的话题终于结束了。接下来，朋友们又可以快乐地学习有趣的数学知识了。在第一章中，我想表达的主旨是数学的“思维方式”能够在现实的商务工作中发挥重大的作用，但是我想，这一点提示并不能激发读者朋友们的求知欲望。从第二章开始，我将为你讲述数字制造的陷阱，如何与数字打交道，如何克服“对数字过敏”的症状，能够在工作中使用的数学思维方式，以及利用数学在工作中获益的方法等。这些都是马上就可以应用到工作中的思维方式和技巧，相信你已经等不及了吧。

<参考>

为成年人开设的快乐数学教室

网址：http://imakarasuugaku.com/

财团法人日本数学认定协会　商务数学认定

网址：http://www.su-gaku.biz/

第二章

被骗了！被玩弄啦！丢脸了！你一定也有过类似的经历吧

08 什么？贵公司的销售额增长那么快

丢脸的商务人士，丢脸的企业

最近，经常能在电视上看到因为失言、说错话而出来公开道歉的政治家、名人等。虽然当事人只需一句“对不起！我说错了”，就可以在形式上息事宁人，但在人们心中一定会留下情感层面的疑问：“他心里到底是怎么想的呢？”而且，失言的背后，肯定有不为人知的缘由。

前面的铺垫是不是太长了？要问我在这一小节想讲什么，其实就是“百分比”（%）。我想，不了解“%”这个符号含义的人，读本书的朋友中肯定没有。实际上，“%”经常成为大陷阱，不知你是否曾经掉进去过。

我们公司今年的销售额相比去年增加了120%！

一位年轻的业务员在客户的公司，通过PPT软件为大家介绍自己公司的产品时，说了上面这句话。他的本意是想通过销售额的增长，强调自己所在的公司正处于蒸蒸日上的良好发展期。不过，你不觉得有些不对劲吗？我认为，没发觉不对劲的人，对数字和比例还没有准确的理解。

“增加120%”，这意味着增加了多少？“增加50%”，表示增加的数额为上一年度销售额的一半。那么，“增加120%”的话……没错，就意味着今年的销售额是上一年度的两倍再加上上一年度销售额的20%（见图8-1）。请朋友们回想一下，在你就职的公司，销售额在上一年度的基础上

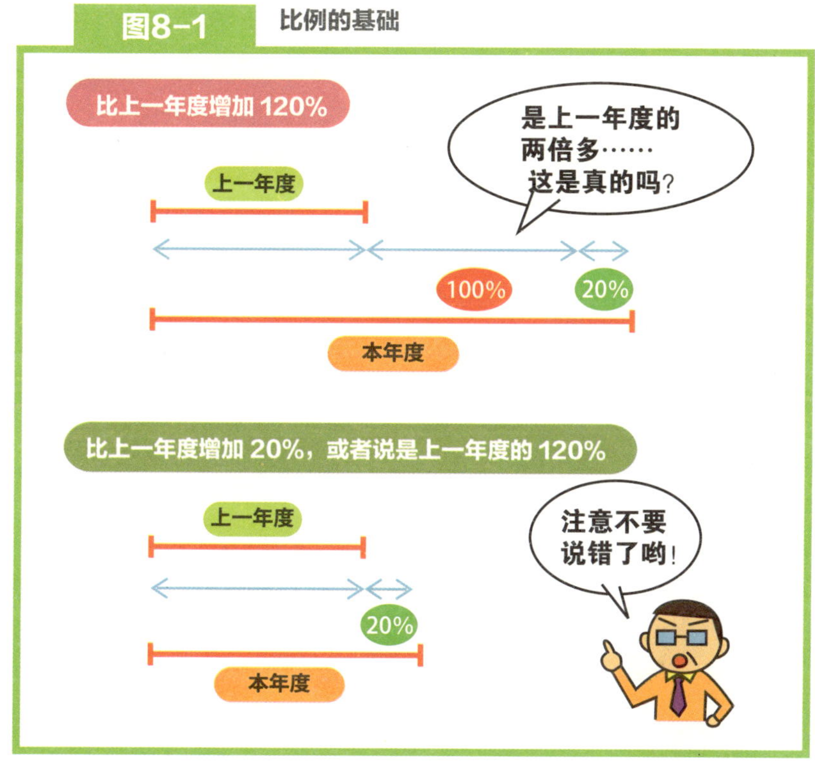

翻倍增长的情况出现过吗？虽然不能说完全没有，但也是非常罕见的。

听过那位年轻业务员的发言，大多数人都会产生怀疑："嗯？增长了那么多？真的吗？"如果没有立刻产生这种怀疑，说明你对百分比或者比例的概念还没有一个准确的认识。我觉得，刚才那位年轻的业务员大概是想说：

我们公司今年的销售额，相比去年增加了20%！

或者，

我们公司今年的销售额，是去年的120%！

怎么样？这才是正确的表达方式。听到前面那位年轻业务员的说法，也许有人会帮他辩解："这可能只是一个简单的口误而已，他不可能故意夸大到那种程度。"

我不这么认为，这并不是一个简单的口误。说得严重点，那位年轻业务员并没有理解比例的基本概念。那么，他到底为什么会犯那么大的错误呢？我们一起来分析一下。

看到120%（130%也好，又或者是140%，只要超过100%的均可）这个数字，为什么大家会无条件地产生一种积极的想法？在前面那个例子中，不管是说话人，还是听话人，都想当然地认为销售额增加了。所以，说话人很自然地就说出了"增加120%"的话。然而，所谓比例，是用"对比量"除以"基准量"得到的。所以，用什么来做基准量很重要。举例来说，假设今年的销售额与去年相比减少了20%，但是如果把今年的销售额当作基准量的话，那么去年的销售额就是今年的120%（见图8-2）。

图8-2 "120%"并不一定表示增加

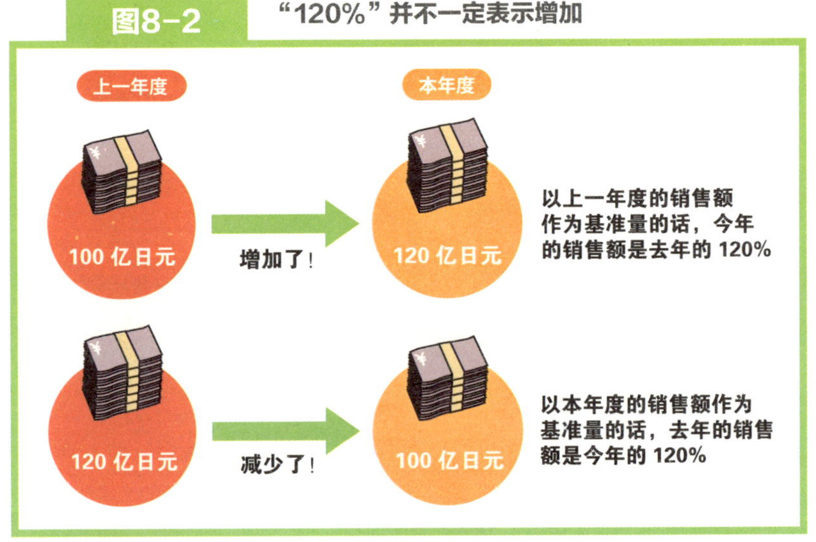

虽然这里也出现了120%这个数字，但并不是今年比去年增加的意思。由此可见，大于100%，都是积极的（增加了），这是一种非常错误的认识。所以，我才会说前面那位年轻业务员并非口误，原因在于他可能也存在这种错误的认识。

如果我们常犯这种低级的错误，就可能失去别人宝贵的信任，甚至让人怀疑："这个家伙到底可不可靠啊？"而且，这个时候，丢脸的并不只有我们自己，公司的脸也被我们丢光了。所以，我们要时刻牢记，自己是背负着公司的"招牌"在工作，不想砸公司招牌的话，就一定不能犯这种低级的错误。

09 写给不能正确理解“平均”含义的成年人

本来是明白的，但还是一不小心就掉进了陷阱

在第二章中，我会为大家介绍一些有关数字的知识。这些知识有助于你避免日后上当受骗、被人玩弄甚至丢脸出丑，而且很多知识都是你现在这个年纪不好意思开口向别人询问的。在讲解的过程中，我偶尔会提几个“不怀好意”的问题，但这也是为了读者朋友们好。所以，请你一定不要生气，要耐心地读下去。

大约一年前，有一则新闻在全日本引起了轰动（可能我说得有点夸张），尤其是对我这样的数学教育工作者来说，更是受到了莫大的触动。那则新闻是：

现在日本的大学生，4个人中就有1人无法正确理解“平均”的含义。

这到底是怎么回事？“平均”的知识，我们小学时就学过呀，怎么还有那么多人不懂呢？我们先来做两道题。

问题?

问题1：你所属的团队（部门）共有5名成员。这5名成员的年龄分别为39岁、24岁、33岁、25岁和34岁。请问这个团队的平均年龄是多少岁？

问题

问题2：A公司共有员工100人，平均每位员工的月薪为38.5万日元。那么，下列表述中，哪个是错误的（可多选）？

① 月薪高于38.5万日元的员工和月薪低于38.5万日元的员工，各有50人；

② 如果以1万日元为区间进行划分的话，那么月薪在38万日元以上、39万日元以下的员工人数最多；

③ 全体员工的月薪总数为3,850万日元。

怎么样？你得出正确答案了吗？先说问题1，按照你之前掌握的求平均值的方法计算就可以了。具体的计算过程为：

（39＋24＋33＋25＋34）÷5＝31岁

问题1比较简单，可问题2就有点麻烦了。我这个人不喜欢绕圈子，所以先说结论吧。错误的表述是①和②。关于它们错误的理由，你能给现在的大学生解释清楚吗？

首先，关于表述①，平均值不一定恰巧是正中间的数值。对此，稍后我会为你举例讲解。关于表述②，这也是大家经常误解的内容。月薪处于平均值附近的员工人数并不一定是最多的。还不太清楚其中缘由的朋友，我再给你讲一道题。下面这道题，是以具体的商务工作为背景的，希望通过这道题，能帮你更加准确地理解“平均”的含义。

问题

问题3：下一页中的图9-1，是某个企业生产的两种商品在各个店铺中的销售数据（一个月的统计数据）。看过这组数据后，该企业的销售部长说：“B商品的销售情况‘及格’了。增加A商品的销售量是今后的重要课题！”

如果你是这家企业的销售部长，看到这组数据后，你会怎样理解呢？你会得出和上面那位销售部长一样的结论吗？

图9-1 某企业的两种商品在各个店铺中的销售数据（一个月的统计数据）

	商品 A	商品 B
店铺 1	32	11
店铺 2	71	86
店铺 3	22	31
店铺 4	28	18
店铺 5	77	87
店铺 6	75	74
店铺 7	79	91
店铺 8	10	33
店铺 9	83	92
店铺 10	80	95
平均	55.7	61.8

看来，该公司的销售部长只看了A商品和B商品销售数量的平均值，便得出A商品销售情况不佳的结论，并做出了加强A商品销售工作的指示。确实，比较两种商品销售数量的平均值，A商品比较低，所以大多数人认为A商品的销售工作应该加强。然而，这其中就存在一个平均值的陷阱。我们先来看A商品的销售数据。每家店铺一个月的平均销售数量为55.7，但销售量

低于55.7的店铺和高于55.7的店铺的数量并不相同。我们再来看看，有没有销售量接近平均值55.7的店铺呢？没有。也就是说，这个案例很好地证明了前面问题2中表述①和表述②的不正确性。

那么，这个案例中的数字，该怎么解释才好呢？在这个案例中，平均值几乎没有什么意义。我们不能只看商品的销售数量，还要看每家店铺的销售情况。通过比较每家店铺的销售数量，我们可以发现：**“销售量高的店铺，不管哪种商品，都卖得很好。”**也就是说，这个案例的问题关键点不在商品上，作为销售部长应该把注意力放在某些店铺上，重点是想办法改善那些销售量较低的店铺的销售工作。如果你能不受平均值的迷惑，很快就能发现应该从其他角度来解读这组数据。只看平均值，只把平均值作为决策依据的习惯，是非常危险的。相信通过这个案例，你已经深有体会了吧。

关于平均值的问题，大多数经管类图书都是以商务工作中的数字为例进行讲解的。看了这些书的读者大多也会做出“啊，原来是这样，我明白了”的反应。然而，很多人离开书本，回到现实工作中后，又会毫无提防地落入平均值的陷阱中。我认为，这是很多书本过于强调平均值的重要性，把平均值当作一种非常了不起的数值灌输给大家的结果。实际上，除了平均值之外，还有很多审视问题的角度，你一定不能只看平均值而忽视了其他角度。

1 2 3 4 5 6 7 8 9

10 这个计算结果，没有什么可疑的地方吗

在商务工作中，计算速度只是一方面，能够发现计算中的错误更为重要

虽然不太好意思说出口，但我还是要向你透露我的一个弱点。实际上，我的计算速度很慢。你肯定会想："什么？这样的人也能当商务数学顾问？"你且听我慢慢道来，我揭自己的短，本身就隐含着一个非常重要的信息。

数学好的人，计算速度都很快。

这是一个天大的误解。当然，数学好的人确实具有计算速度快的倾向。然而，计算速度快，并不能代表一切。计算速度快，可以说明一个人对数字的识别和处理能力强，与那些对数字"过敏"的人相比，计算速度快的人可能更容易学好数学。不过，也仅仅是有这种可能性而已。实际上，数学的本质是"解决问题"，而非"加快计算速度"。需要花30秒以上的计算，我认为应该交给计算机或者电子计算器去做。当然，在说这些话的时候，我已经做好了遭到非议和反驳的心理准备。

毋庸置疑，计算速度快是一种很了不起的能力，而且在实际工作中有很多用处。我并不想否定这种能力。但是，即使你是世界第一的速算高手，参加工作后，也不可能所有工作都做得比别人快，甚至不用加班就能轻松完成每一天的工作。

计算速度只是一个方面，我想表达的是，在快速计算的同时，还有更重要

的事情需要引起我们的注意。到底是什么事情呢？我先来告诉你答案吧。

那就是发现计算中的错误。“这个计算结果，没有什么可疑的地方吗？”

下面，举一个例子来具体说明。2011年3月11日，日本东北部海域发生大地震，并引发海啸，给日本东北地区造成了巨大损失。当时，某家公司发布了一份关于地震灾害的调查数据，但后来他们发现调查数据中出现了“位数错误”，还专门出来公开道歉，订正错误。这一幕，可以说尽显日本人数字能力的不足。在这个案例中，如果在数据发布之前，有人能发觉“这组数据有点可疑啊”，那也不至于发展到后来要公开道歉的尴尬境地。

那么，该如何培养数学的纠错能力呢？本书中，我将为大家介绍一种具体的思考方式。

下面这道题，是很多大型IT企业或咨询顾问公司在招聘新人时，考试中常用到的题目。像我这样的专业人士，经常协助大企业的人事部门招聘，为他们出考题，所以对这种类型的题目十分熟悉。

问题？

一辆货车的货厢中，可以装载的高尔夫球的数量上限为5万个。请判断这个结论是否准确。

我们没有办法实际找一辆货车进行测试。做这道题需要的不是计算速度，也并非计算的准确性，而是推理能力。下面，我们就一起来思考一下吧（见图10-1）。

首先，我们不能将货车的货厢想象成一个“大箱子”，要把它想象成若干同等大小的“小箱子”。装电冰箱的纸箱如何？似乎有点大，那就用搬家公司常用的一个人能抱起来的纸箱作为计量标准吧。不用计算得太精确，粗略

图10-1 货车的货厢能装载多少个高尔夫球

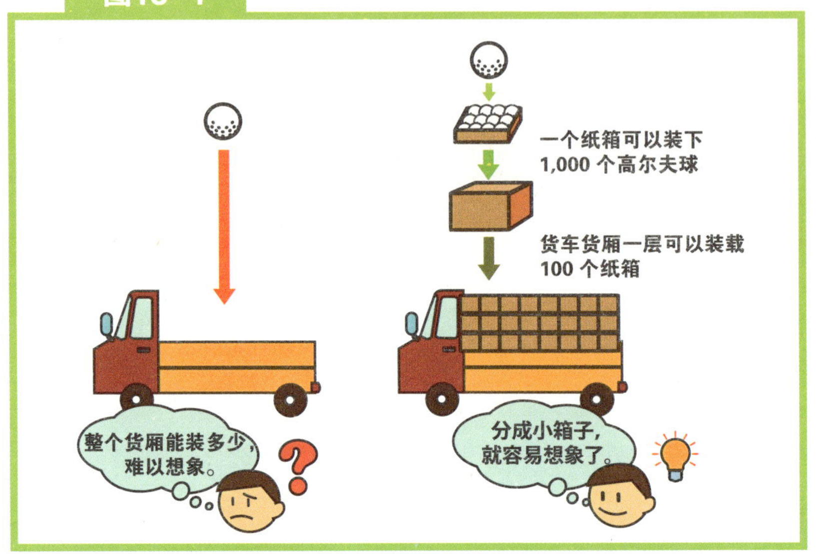

估算就可以了。一个纸箱大约可以放入10×10×10=1,000个高尔夫球。这种程度，一般人都能想象得到吧。接下来，货车的货厢能装下多少个这样的纸箱呢？货车的货厢还是相当大的，根据常识估算，纵向至少可以放20个纸箱，横向至少可以放5个纸箱。那么，一层就可以放20×5=100个纸箱。

仅仅一层可以装载的高尔夫球数量为1,000×100=100,000个。这个数字已经比题目中给出的5万个要多了，而货车货厢可以装好几层纸箱。据此，我们可以判定，题目中的结论是不准确的。

在第一章中我已经讲过，推理能力是商务人士必备的能力之一。这一小节所讲的发现计算错误的能力，就是推理能力的一种。一般来说，优秀的企业经营者，对于细枝末节的计算不太感兴趣，但是当宏观的经营数据出现矛盾或可疑之处时，他们立刻就能察觉。与计算机精确又快速的计算相比，通过推理发现计算错误的能力，在商务工作中能够发挥更大的作用。

11 问卷调查的样本数，如何设定为好

与商务工作密切相关的“统计学”，你也应该体验一下

“好不容易做一次问卷调查，样本数当然是越多越好啊。”

以前，我曾在一家企业担任市场调查的负责人，上面是当我们准备进行一项问卷调查时，一名业务员向我提出的建议。如果你遇到这样的业务员，可要当心了，千万不要被他们忽悠了。

这一小节，是关于“统计学”的话题。如果要问我数学中哪个领域的知识对于商务工作最有用，我会告诉你是统计学。日本学生所受的数学教育，到初中毕业时都是一样的，到了高中之后，分出了文科班和理科班，数学的教学内容才会有所差异，但都没有涉及统计学的知识。实际上，我上高中的时候就有一本名为《概率 · 统计》的书，可是在我的印象中，学校并没有教过这本书。然而，从商务工作的角度来看，统计学有着非常重要的作用。前面啰唆了这么多，我们还是先来看一道例题吧。

问题？

假设你的公司要对接受贵公司服务的消费者进行一项问卷调查。因为贵公司提供的这项服务是在全国范围内展开的，顾客相当多，因此不可能对所有顾客进行调查，只能选取其中的一部分。假设问卷调查的样本数有两个选项，分别为500和1,000。当然，样本数越多，所花的成本越高，后者的成本大体是前者的两倍。控制成本是一个方面，但在有限

的成本下调查的顾客数量越多越好。那么，你认为调查的样本数为多少比较合适？

在实际的商务工作中，经常会遇到类似的情况。所有以B to C（Business to Customer，商家对消费者）为经营模式的企业，都会以一般消费者为对象进行市场调查。

下面我们进入正题。我向我的一位朋友征询问题的答案，他的回答是采取折中的方案，即调查样本数设定为750个。看起来他的回答有一定的道理，但是真的比500或1,000好吗？在考虑这个问题时，一个关键点就是“偏差”。只要无法对全体消费者一一进行调查，不管多么精准的调查都会存在一定的偏差。问题是，这个偏差和样本数之间存在什么样的关系呢？

偏差：调查对象的结果与全体○○○○名的实际调查结果之间的差。

一般情况下，我们会根据下一页图11-1那样的表格来计算最合适的样本数。请你先看一下那张表，表中的数值就叫作“标准偏差”。这张表表示在调查的100次中，有95次的偏差值在表中的数值之内。这本书并不是统计学方面的专业书籍，最终的目的是为了更加有利于工作，所以对于复杂的计算和理论依据就不赘述了，我只把大家想了解的结论呈现在大家面前。

我们将表中样本数为500和1,000的情况进行对比。比如，暂定本次问卷调查中作答的人占10%。那么，样本数为500时，与实际情况的偏差为±2.7%。换句话说，实际情况下，做出相同回答的人占7.3%~12.7%。另外，样本数为1,000时，与实际情况的偏差只有±1.9%。换句话说，实际情况下，做出相同回答的人占8.1%~11.9%。重要的是，花两倍的成本进行调查，结果偏差只改善了±0.8%，这样并不值。

图11-1 标准偏差一览表

样本数 \ 回答结果	10%（90%）	20%（80%）	30%（70%）	40%（60%）	50%（50%）
50	±8.5	±11.3	±13.0	±13.9	±14.1
100	±6.0	±8.0	±9.2	±9.8	±10.0
200	±4.2	±5.7	±6.5	±6.9	±7.1
300	±3.5	±4.6	±5.3	±5.7	±5.8
400	±3.0	±4.0	±4.6	±4.9	±5.0
500	±2.7	±3.6	±4.1	±4.4	±4.5
1,000	±1.9	±2.5	±2.9	±3.1	±3.2

※可信度为 95% 的情况。
（所谓可信度为 95%，是指 100 次调查中有 95 次以上在上述偏差范围之内。）

那么，采取折中方案，选取750个样本的话，改善的偏差值也并不大。由此可见，如果以把握大方向为最终目的的话，选取500个样本进行调查就已经足够了。

在这一小节中，我想告诉大家的是：“各位商务人士需要的不是难懂的统计学专业知识和计算能力，而是在商务工作中能够应用的统计感觉。”

抛弃“样本越多越好”的先入为主的观念。
重要的不是“样本数量”，而是与实际情况相比会产生多大“偏差”。

因此，即使与实际情况的偏差为±10%也没关系，重要的是能够大体把握事情发展的方向。不需要花费太多的成本，只选取100个样本也完全可以据此做出决策。

在选举中，经常在距离投票截止日还有很长时间时，就有人发表“当选结果”的“预测”。当然他们不可能调查所有的选票，倘若只是用前面所讲的统计学知识来计算的话，高明的统计学家也很难准确预测结果。因为调查的结果和实际情况存在一定的偏差，所以从理论上讲，真实的结果有可能与预测的不同。

12 不了解“分界点”的人，在工作中肯定会受到损失

为什么上数学课时要画函数图，还要求交点坐标

“请为下列函数绘制函数图”“请求出交点的坐标”……

我想，每个人在中学时代上数学课时都做过这样的题目吧。你会不会想：“我可以理解函数的概念，可是画函数图、求交点坐标有什么用呢？”实际上，在我们的生活中，特别是工作中，到处都有函数的影子。而且，这些并不是高等数学中的高级函数，都是中学数学里学过的一次函数。

下面为你举一个身边的例子（实际上，纳税、商品折扣等涉及的函数更为复杂一些，但为了便于你理解，我选了一个相对简单的例子）。

问题？

下列手机资费套餐中，你会选择哪一种？请试着用理论说明你的理由。

A套餐：每月基本使用费为3,000日元（含2,000日元的免费通话时长），每分钟的通话费为36日元；

B套餐：每月基本使用费为5,000日元（含4,000日元的免费通话时长），每分钟的通话费为28日元；

C套餐：每月基本使用费为8,000日元（含6,000日元的免费通话时长），每分钟的通话费为20日元。

选择哪个套餐，判断的标准当然是你每月大概的通话时长。不过，“我

每月的通话时间大约为○○分钟，粗略计算一下的话，B套餐比较划算”。这样的推算，恐怕并不能做到最准确。

图12-1 不会让你蒙受损失的“分界点”在哪里

单位：日元

	A套餐	B套餐	C套餐
基本使用费	3,000	5,000	8,000
每分钟通话费	36	28	20
免费通话时长（分钟）	50	140	300

单位：日元

通话时长（分钟）	A套餐	B套餐	C套餐
…	…	…	…
90	4,440	5,000	8,000
100	4,800	5,000	8,000
110	5,160	5,000	8,000
120	5,520	5,000	8,000
…	…	…	…
230	9,480	7,520	8,000
240	9,840	7,800	8,000
250	10,200	8,080	8,000
260	10,560	8,360	8,000
…	…	…	…

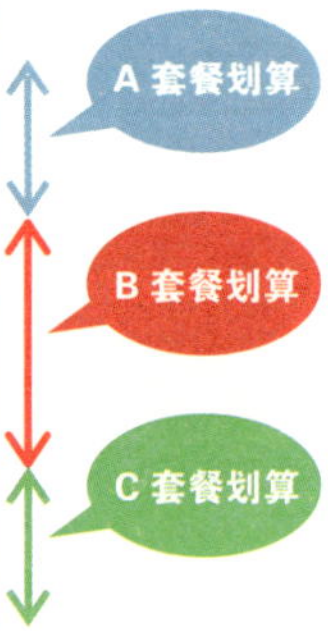

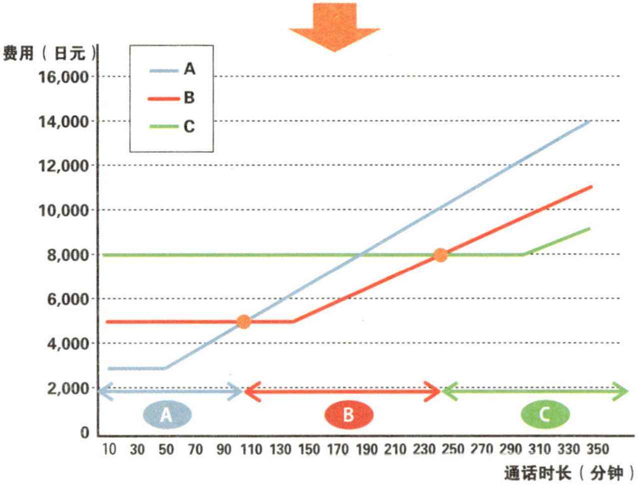

下面我教你一种方法，你一定要亲自尝试一下呀。这种方法是：把各个套餐用函数来表示，然后求出它们之间的交点（见图12-1）。

首先，根据给出的条件，我们粗略计算一下三种套餐赠送的免费通话时长分别为多少。结果，A套餐约为50分钟，B套餐约为140分钟，而C套餐约为300分钟。支付的服务费与通话时长形成函数关系，然后用Excel软件制作出如图12-1那样的图表。如果你每月的通话时长在100分钟以内，那么A套餐最划算；超过100分钟的话，适合选用B套餐；如果超过了240分钟，那么就应该选择C套餐了。

在做这个推断的过程中，不需要太严密的计算，粗略估算即可。最重要的是找到交点在哪里。这个函数图中的交点，就是“划算与不划算的分界点”。

我每月的通话时长大约是○○分钟。

→比较了一下各个套餐，看起来B套餐最便宜。

→怎么回事？这个月的实际费用这么高？是不是我煲电话粥的时间太长了？

首先，把握各个套餐的“分界点”。

→我平时每月的通话时长大约为○○分钟。

→比较了一下各个套餐，看起来B套餐最便宜。

→通话时长超过××分钟的话，就不划算了。算下来每天的通话时长应该控制在△分钟以内……应该有这样的意识。

以上两种结果，哪个好恐怕就不用我指明了吧。手机话费总是“蒙受损失”的人，有时并不是因为选错了套餐，而是没有把握好“分界点”，当自己的通话时长超过分界点时，自己也没有注意到。

图12-2 不让自己蒙受损失的思维方式

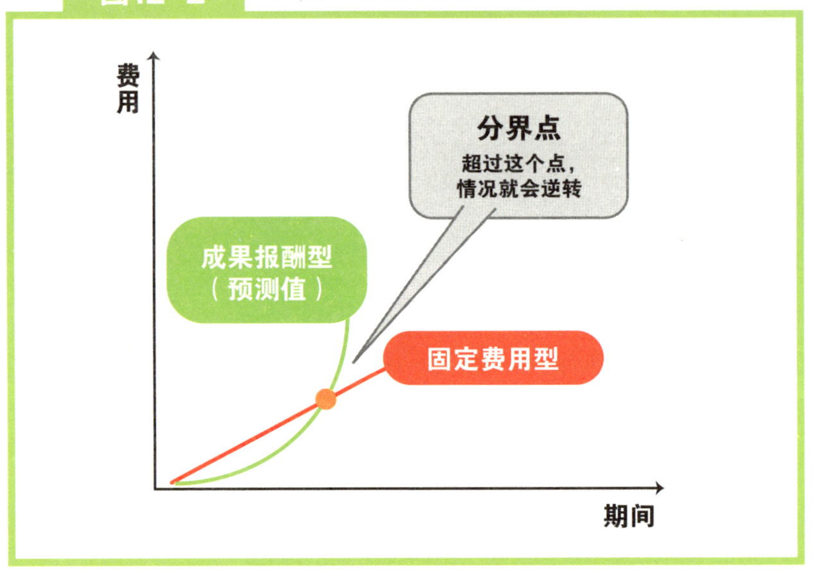

此外，在商务工作中，也需要后者的思维方式。其中最典型的例子就是“损益分界点”。超过这个分界点，是损失还是收益，截然不同，如果心中没有这样一把尺子的话，就无法把握一项事业的现状，也无法为这项事业做出战略规划。

再举个例子，这种思维方式也可以应用于选择付费服务的时候。现在的一些付费服务，主要有两种收费方式供消费者选择，一种是“成果报酬型”，一种是“固定费用型”（见图12-2）。只要把握住自己的分界点，就不会选错了。

13 就连优秀的商务人士有时也会误解“概率”

如果把概率与比例混为一谈，就会产生奇怪的解释

前面一直在讲有关工作的话题，接下来我们远离工作，谈一个轻松的话题，那就是——结婚。

20多岁的女性和30多岁的女性相比，谁结婚的概率更高?

在为商务人士举办的研讨会、研修会上，每当我提出这个问题，大家都会热烈地展开讨论。“还是20多岁的女性结婚的概率高，尤其是25岁之后！”“不是吧，最近有晚婚的倾向，所以20多岁和30多岁的相比，应该没什么区别吧！”“等等！你们仔细想想，在压力巨大的当今社会，30岁过后再结婚比较稳妥，所以从概率的角度来讲，30多岁的女性结婚的概率更高。”

大家都有自己有趣的答案。但非常遗憾的是，所有的答案都不正确！因为大家都没有从本质上理解“概率”这个词。大多数人都知道“概率”的含义，但没有正确地理解它。顺便说一句，刚才那道题的正确答案应该是：

不论20多岁的女性还是30多岁的女性，结婚的概率都是一样的，都是1/2。

嗯？这到底是怎么回事？要消除这个疑问，还是先从“概率”的定义说起吧。我们先来看看“概率”到底是个什么东西。

概率=发生这个事件的情况数÷发生所有事件的情况数

这真是一个拗口又晦涩难懂的表达方式啊，不过，这就是概率的准确定义。拿大家都熟悉的骰子为例，掷一次骰子，出现“1点”的概率是多少？听到这个问题，大家肯定会毫不犹豫地回答：“1/6。”回答正确！但是你知道这个数字是怎样计算出来的吗？如下所示：

发生这个事件的情况　→　（出现“1点”的情况）1个

发生所有事件的情况　→　（出现“1点”的情况）（出现“2点”的情况）……（出现“6点”的情况）共计6个

那么，我们再回到结婚的话题上。在思考结婚的概率时，我们是不是应该先想想“结婚”这个事件所对应的、可能发生的所有情况呢？请你仔细想一下！要是骰子的话，可能出现“1点”“2点”“3点”……“6点”一共6种情况。可关于“结婚”这件事呢？对！就是：

“结婚”和“不结婚”。

没错，只有这两种情况！所以，如果我问一个人结婚的概率是多少，那么毫无疑问是1/2，与这个人的性别、年龄、职业、国籍等完全没有关系。所有人结婚的概率都是一样的。仔细想一下，人能不能结婚主要看“缘分”，还有这个人的主观意愿，所以问结婚的概率，这个问题本身完全没有任何意义（不好意思，从这个意义上说，这个问题本身就是个恶作剧）。

虽然是个恶作剧，或者叫“脑筋急转弯”，但是为什么那么多人都回答错了呢？就是因为他们把“概率”和“比例”的概念混为一谈了。

还有两个比较常用的名词你一定听说过，就是“离婚率”和“终身未婚率”。这两个词就是“比例”而非“概率”。离婚率表示的是在总共○○○对夫妻中有△△对离婚。终身未婚率表示的是在总共○○○人中有△△人终身未婚。可是，这些数据和你自身到底存在什么样的关系呢？举例来说，在某座城市，通过街头采访与你同性别、同年龄段的人100名，发现他们的结婚率为10%。这个时候，你会认为自己在这座城市中可能结婚的概率为1/10吗？换一座城市再做同样的调查，结果发现100人中有90人已经结婚，那么你会认为自己在这座城市中可能结婚的概率为9/10吗？反正我不会这么想。为什么这么说？因为那100人和我完全没有关系。他们结婚与否，对我没什么影响。

感觉如何？这一小节，我们脱离了商务工作的话题，以结婚问题为例与你一起温习了概率的定义。在下一小节中，我们将把概率和商务工作联系起来，进行更深一步的探讨。

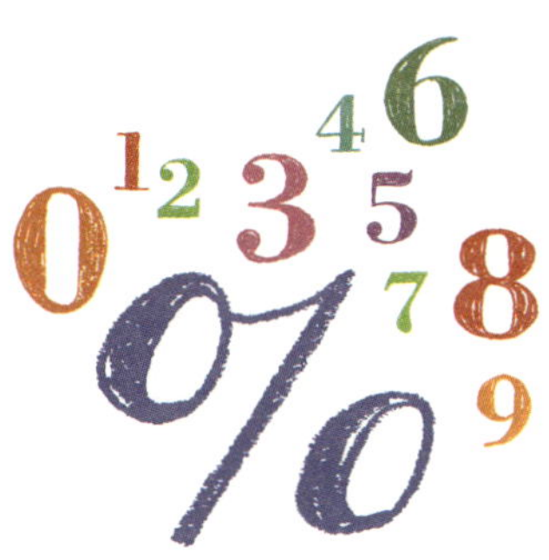

14 在商务工作中，我从不做“决断”

在所有情况下，进行选择时可以用到的数学技巧

在商务工作中，我绝不做“决断”。这已经成为我的工作哲学。“主观臆测”“撞大运”“听天由命”之类的词，在我的字典里不存在。我们经常听到有人说：“不得不做个决断了！”其实在我看来，这句话充满了赌博的色彩。我认为，在商务工作中，不需要“决断”，而需要“选择”。那么，我们该怎样思考，怎样选择呢？我将通过下面的问题为大家进行详细的讲解。

问题？

你必须预测下个月的营业利润，并制定出经营战略。如果采用A战略，市场景气的话，可以获得300万日元的利润，如果市场不景气，可以获得100万日元的利润；另外，如果采用B战略，市场景气的话，可以获得700万日元的利润，如果市场不景气，则可能造成200万日元的损失。那么，你会选择哪项经营战略？A战略还是B战略？

有些人一看到B战略有可能会出现损失，就急忙舍弃，选择了不管怎样都会赚钱的A战略，还自认为是“稳健派”。在我看来，这样的选择方式未免太幼稚了，不应当是一个成熟的商务人士所为。为了做出正确的选择，我们似乎还需要更多的情报。而且，景气、不景气的概念也未免有点模糊不清，令人难以把握。这个时候，前一小节介绍的“概率”就该登场了。

假设，下个月市场景气的概率为50%，不景气的概率为50%。即使是假设也没有关系，重要的是一定要将其数值化。然后，我们就可以进行如下计算了（见图14-1）。

A战略：300×0.5＋100×0.5＝150＋50＝**200万日元**

B战略：700×0.5＋（－200）×0.5＝350－100＝**250万日元**

上述计算过程中，将两种战略中出现的要素全部转化成数字，并由此计算出采用这种战略时可以期待获得的利润值。排除先入为主的观念，冷静合

图14-1　做选择时的数字依据

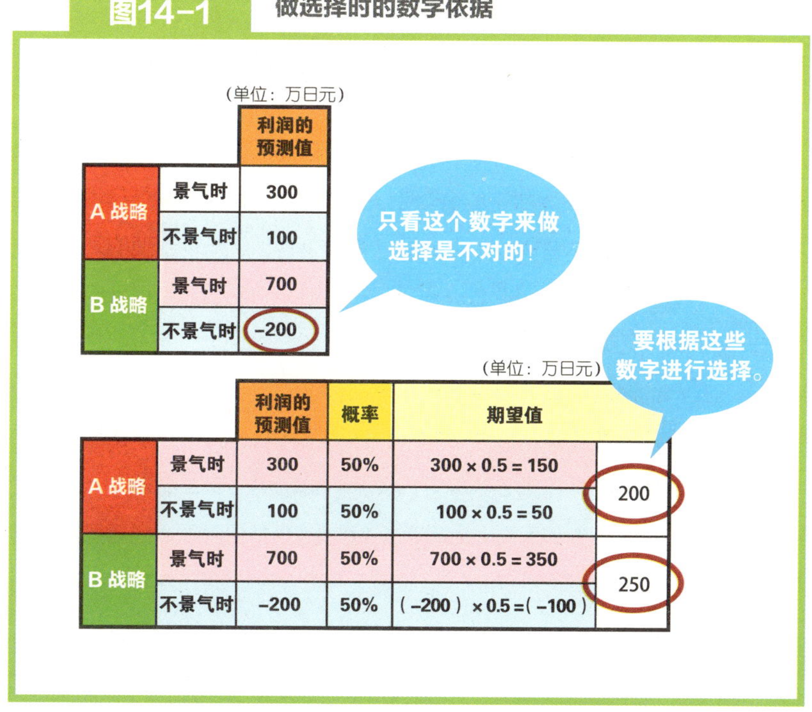

（单位：万日元）

		利润的预测值
A 战略	景气时	300
	不景气时	100
B 战略	景气时	700
	不景气时	-200

（单位：万日元）

		利润的预测值	概率	期望值	
A 战略	景气时	300	50%	300 × 0.5 = 150	200
	不景气时	100	50%	100 × 0.5 = 50	
B 战略	景气时	700	50%	700 × 0.5 = 350	250
	不景气时	-200	50%	（-200）× 0.5 =（-100）	

理地思考之后，计算结果的差异可以表明两种战略的优劣。如果有足够的情报可以判断下个月景气、不景气的概率为一半对一半的话，我就会根据上述计算结果进行选择，而且会毫不犹豫地选择B战略。

这道题中，容易引诱大家上当的陷阱在哪里？其实就是B战略中有可能出现的200万日元的损失。如果害怕蒙受损失，只根据这有可能出现的200万日元的损失做出选择的话，就让我们陷入了不理智的境地。这道题中可供选择的选项只有两个，即A战略和B战略，将两个战略中的要素都用数字表示出来，计算出一个有可能得到的利润值，然后比较这两个数值就可以做出选择了。而且，这才是正确的选择方法。

这个数值在数学上称为“期望值”，期望值是在概率领域频繁出现的一个重要概念。这一小节只给大家介绍期望值的思考方法，在本书的后半部分，期望值这个概念还会出场，届时我将为读者朋友们介绍如何将期望值应用到工作中的方法。

说点题外话，我这个人从没去过游戏厅玩老虎机，也没有买过彩票。根据前面介绍的“期望值”的思维方式进行考虑的话，我根本没有花钱玩老虎机或买彩票的欲望。也许有人会说我是一个没有梦想、无聊透顶的人。但是我觉得，有钱买彩票，不如花100日元买一本旧书，然后花300日元到咖啡馆买一杯咖啡，边喝咖啡边看书来得更舒服。我个人认为，花400日元享受喝咖啡、读书的时间，其期望值比买彩票高多了。

不过请大家不要误解，我并非有意否定博彩本身以及享受博彩乐趣的朋友。我非常清楚博彩有它重要的社会意义，它可以给人带来感动和活力，还有无穷的乐趣。可以说博彩是一种非常不错的社会文化形式。我只是想强调我常采用“期待值”的思维模式，这种思维模式有助于我在商务工作中做出正确的选择。

第二章中所讲的要点可以帮助朋友们在工作中避开数字陷阱，防止因为对数字的误解、误读而造成损失。可能有些朋友会说：“如果教我一些随时能用的小技巧或者更高级的计算公式就好了！”可是我觉得，首先要打好基础，遇到数字问题不至于“答非所问”，这才是成为善于利用数学的商务人士要走的第一步。在接下来的章节中，我将为大家解答“为什么善于处理数字的人在工作中更活跃”的疑问。所以，请你和我一起更加努力地学习吧！

第三章

“学生时代数学成绩好的人，工作后收入比较高”，这是真的吗

15 也曾考过数学科目的文科商务人士

当年的数学成绩和日后的收入水平完全没有关系

第三章的标题，可能会引起你的极大兴趣。“我都已经工作了这么多年，再学数学还有什么好处吗？”对于这样的疑问，在本章中，我将做个解答。

“学生时代数学成绩好的人，工作后收入比较高”，这是真的吗？

还是按照我的风格来，先说结论。对于上面这个问题，我可以很自信地回答：“No！”嘿嘿，你是不是以为我会回答“Yes”？确实，作为数学方面的专业人士，我心中多少也有回答“Yes”的冲动。但是，我们要讲究实事求是。就像第一章中我说过的，学校教育中的数学和商务工作中使用的数学，完全是两回事。也就是说，学生时代的数学成绩和工作之后的工作业绩之间，没有必然的联系。

有人曾经对大学毕业生的就业状况和他们当年考大学时所选的考试科目之间的关系进行过调查。结果显示，大学文科专业毕业的学生，如果当年考大学时参加了数学考试，相比当年没有参加数学考试的人，工作后的收入要高一些，而且应聘到大企业工作的比例也要高一些。这和我前面提出的主张不是自相矛盾吗？其实不然。为什么这么说？因为前面我提出的主张中加入了“成绩”两个字。也就是说，并不是数学考试成绩好的人，日后在工作中更活跃，而是说，不管文科专业还是理科专业的大学生，他们在考大学之前如果比较多地接触数学，学会了数学的思维方式，那么将对他们日后的工作

能力产生积极的影响。

学生时代所学的数学，可以说是一种“基础训练”。我们都知道，一流的运动员在平时非常注重基础训练。只有将基础打牢的选手，才能在赛场上发挥出更大的能力。商场如战场，商场如赛场，对于商务人士来说，基础训练也是非常重要的。

前面那项调查告诉我们的道理是：

学生时代数学成绩好的人，工作后收入高。 No

进行了数学的基础训练，并将其应用到商务工作中的人，收入比较高。 Yes

怎么样？这样一解释，你对我的主张就不存在异议了吧。实际上，现在我周围非常活跃的一些商务人士，基本上没有人会说“我特别喜欢（擅长）数学”之类的话。几乎所有人都会说：“因为要考这一科，所以才学数学。”但是，从结果上来说，他们处理数字的能力很强，提出中学水平的数学题，他们思考一下基本上都能做出来。

另外，肯定也会有读者朋友提出如下的疑问：

学生时代没学好数学，如今再下手是不是来不及了？

不！绝对来得及！前面的调查结果说明了一个道理，那就是：进行了数学这项“基础训练”→将数学的思维方式应用到工作的各个方面→收入比较高（工作能力比较强）。

那么，大家现在应该做点什么呢？我想不用我说，你也已经知道了吧。没错，就是从现在开始进行“基础训练”。也许你会问：“现在还来得及吗？”我可以向你保证，一点问题也没有！

最近，日本掀起了一股数学热潮。“为成年人准备的数学”“工作之后重学数学”等宣传语随处可见。以后，恐怕会有越来越多的商务人士注意到数学的实用性，重新开始学习数学。从书店众多的图书中以不菲的价格买来这本书的朋友，说明你已经意识到了数学的用处。

那么，现在就开始重学数学吧！

我想这样大声疾呼。但是，学生时代受尽了数学“折磨”的朋友，恐怕还会持有怀疑的态度：“数学真的是商务人士必不可少的‘基础训练’吗？”我可以告诉你，即使是一流的运动员，也没有人天生就喜欢“基础训练”，是因为他们理解了“基础训练”的重要性和必要性，才会为之付出汗水和心血。

在接下来的章节中，我将一边为你介绍学校教育中学过的数学知识，一边帮你理解数学这项“基础训练”的重要性，让你一点一点打消心中的顾虑。

16 掌握说明理由的能力

你能说明“圆周率是什么”吗

在前一小节中我说过，学校中学习的数学知识，从商务工作的角度来看是重要的“基础训练”。可是，单单这么说，很多朋友还是无法深刻体会数学的重要性。下面，我就为你介绍这项“基础训练”的重要性。

首先，我来问大家一个数学问题。

圆周率是什么?

看到这个问题，可能有人会摸不着头脑。有的则心想：“这么简单的问题，谁不会呀? ”那么，就请你认真回答一下吧。圆周率到底是什么?

是3.14吧。

不，在我们的时代，学校教的是3。

在举办研讨会、研修班的时候，面对这个问题，大家一开始的回答大多是以上内容。不过，这可不是我想要的答案。于是我再问一遍：“圆周率是什么? ”有人似乎明白了我的意图，结果又出现了下列回答：

圆周率是求圆的周长时使用的一个数字。

是求圆的面积时使用的数字。

嗯，比最初的回答有了一点进步，但还是不够全面。我不喜欢兜圈子，先把正确答案和问这个问题的真实意图告诉你吧。

所谓圆周率，是圆的周长与直径之比。

日本曾经进行过教育改革，推行“轻松教育”，以致小学数学教孩子圆周率的时候，将原来的3.14简化为3。这项改革还成为当时社会的热点话题，备受争议。在我看来，让小学生记住圆周率是3还是3.14，这种争论并没有什么意义。因为3也好3.14也罢，都只是让孩子计算时，为他们制定的一个规则。真正重要的是让孩子理解圆周率的本质。

1元硬币也好，大货车的车轮也好，甚至是地球，只要是圆形，它们周长和直径的比值都是一个固定的数字，那就是圆周率。这才是圆周率的本质。

所谓圆周率，是指所有圆形的周长和直径的比。
→所以，只要知道直径，任何圆形的周长都可以通过圆周率求出来。

这是对圆周率的正确理解。怎么样？你上学的时候，老师是这样教的吗？如果不能理解圆周率的本质，而只记住它是3.14或者3的话，虽然在做计算题时，能够得出正确的答案，但非常遗憾的是，这不能成为对日后商务工作有用的“基础训练”。

曾经在学校……

使用圆周率可以计算出正确的结果。但为什么使用圆周率?

不知道。老师就是这样教的。

就这样进入社会，开始工作之后……

本年度要裁员，总经理是这样指示的。

理由是什么?我不知道。反正总经理就是这样说的。

如果你的周围有这样的同事、后辈（或前辈），我想建议他（她）重新学习一下数学。这样的人，在工作场合肯定常说“结论优先”这种听起来理所当然的话。但是，使用“结论优先”这句话时，必须有一个前提，就是能够说明理由的时候。可是，我发现很多人不去追究理由，只是想：“你只告诉我结论就可以了。理由什么的，我没有兴趣。我会按照你说的去做。这样一来，工作不就可以顺利进行了吗?”而且，抱有这种想法的人，远比我们想象的要多。“理由什么的，太麻烦，在工作中，结果就是一切……”真的是这样吗?我可不这么认为。

通过学习数学获得的训练，要提升的并不是计算的能力，而是思考理由（根据）的能力，以及把理由（根据）向第三者说明的能力。

17 对于数字不可轻信，要有打破砂锅问到底的精神

不要被数字的力量所蛊惑、玩弄

前面借圆周率的话题，我提醒朋友们要掌握说明理由（根据）的能力。接下来，我们还讲这个话题，只不过换一个角度，这次以“数字”为出发点，进一步挖掘说明理由的重要性。希望朋友们能够真正理解这种能力的重要性和实用性。

在使用圆周率解题的时候，如果有人追问：“为什么要使用圆周率？”那么这个人在工作中也具备对数字追问到底的精神。

反过来，如果只是把圆周率记成3.14或者3，然后按部就班解题的人，那么他们在工作中对于数字也不会提出什么疑问，只会轻易相信。也许你认为我的观点有些极端，其实不然，这是事实。为什么这么说？因为在基础训练（数学学习）中都做不好的事情，到了正式赛场（工作场合）上更不可能做好。下面给你举一个真实的例子，那是我在工作时确实发生过的事情。

营业部长说：“我们今年的销售目标是在去年销售额的基础上增长20%！”

以我的性格，对于部长的这句话肯定要提出疑问。为什么是20%？当然，并不是我这个人厌恶20%这个数字。说得极端点，具体是多少都没关系，我只是想知道为什么是20%。但是，不管我怎么追问，部长都无法给

出明确的回答。于是我明白了，那是部长“粗略”决定的一个数字。而我周围的同事，没有一个人对20%这个数字产生疑问，便投身到提高销售额的工作中去了。工作时，他们也都以销售额比去年提高20%为目标。但是，为了这个空洞的数字，到底该朝哪个方向努力呢?

“哎呀，要提高20%，形势很严峻啊！”“怎么做才能实现这个目标呢？”“当初部长为什么要提出20%这个数字呢？”“这么说的话，也许部长有他的根据吧……”“喂，我说谁去问一下部长吧。”

经过很长时间，大家似乎开始有所觉察，自己是不是一直在做无用功呢? 但这时再说什么都成了“事后诸葛亮”。如果不对数字进行深究的话，日后这种悲剧还会不断发生。为什么通过学习数学获得的“说明理由的能力”如此重要? 为什么对数字进行深入挖掘如此重要? 我想大家应该已经理解了吧。

另外，我不认为商务工作中涉及的所有数字都必须找出根据和理由。比如，每天早一点到公司开始工作，效率会高很多。所以，有人决定每天提前30分钟去公司。此时，30分钟这个数字就不需要什么特殊的理由。只要当事人认为30分钟合适，那就可以是30分钟。

然而，前面例子中所讲的销售额比去年提高20%的目标，20%这个数字必须有理有据。因为这个数字将改变很多人的工作目标和努力的方向，随意“粗略”设定的话，搞不好会让部下走很多弯路，做很多无用功。总之，这是一个需要深究的数字，我们应该问清楚其中的缘由。而制定数字的人，也要基于十分充分的理由。

接下来，我们一边复习以前讲过的知识，一边做一道练习题。对于下列几项论述，你有何感觉? 如果觉得不是完全正确，请你进一步深入分析其中的问题。

① A公司员工的平均年龄不到30岁。这是一个年轻员工较多，充满活力的公司。

② 全日本的男性中，去过色情场所的有3,000万。

③ 在男性比例为90%的职场中，女性找到男朋友的概率很高。

对于上述各项表述，你有什么感想？参考答案请见图17-1。如果不进行深究的话，表面上看那些数字都没什么问题，你可能轻易就会相信。可是看了图17-1中的参考答案后，你会大吃一惊，原来平时会轻易相信的一些数字，竟然存在这么多不合理的地方。所以，各位朋友，在工作中为了追求正确、合理，请你放下恐惧的心理，不管是谁提出的主张，只要其中有数字出现，你就应该大胆地“打破砂锅问到底”，找出这些数字提出的理由和根据。

图17-1 掌握对数字进行深入挖掘的能力

1 A 公司员工的平均年龄不到 30 岁。
这是一个年轻员工较多，充满活力的公司。

追问！

虽说员工的平均年龄是 20 多岁，但并不一定保证 20 多岁的员工最多。你是不是想当然地认为所有公司都有很多员工？如果一家公司只有两名员工，一名 17 岁，一名 38 岁，他们俩的平均年龄是 28 岁。我们不能说这个公司的年轻员工较多。

2 全日本的男性中，去过色情场所的有 3,000 万。

追问！

日本全国人口有 1 亿 2000 万左右。如果有 3,000 万名男性去过色情场所的话，那就是说 4 个人中就有 2 个去过色情场所。假设男性人数为总人口的一半，那么 2 名男性中就有 1 人去过色情场所，这个比例也太高了吧？所以 3,000 万这个数字不现实。

3 在男性比例为 90% 的职场中，女性找到男朋友的概率很高。

追问！

这么说的话，女子大学中的女学生就找不到男朋友了？男性比例为 90% 和女性找到男朋友的概率没有什么关系。而且，职场也并不是女性接触男性的唯一场所。

18 否定别人的时候，也可以使用数学

“数学的完美性”应该这样应用到工作中

接下来给你讲的故事，也是我亲身经历的。

某著名企业的Web（网页）市场调查负责人在我面前叹了一口气，说道：“我有一项至关重要的提议，但没有能够说服上司的数字。如果有这些数字的话……”到底发生了什么事呢？我先把事情的经过给大家简单梳理一下。

主题：网页的访问量很少，想提高网页的访问量。

Web市场调查负责人的见解：网页的设计有问题，应该重新设计网页。

上司的见解：公司吸引顾客的能力不足，应该在维持现有成本的基础上提高招揽顾客的能力。

问题点：无法用数字说明网页设计存在的问题，两人的讨论始终处于平行状态，无法达成共识。

怎么样？我想读者朋友们在自己的公司中肯定也遇到过类似的状况吧。给你出道难题，如果你是那位市场调查负责人，你会用什么方法解决这个问题呢？

如果有确切的调查数字，那一定会极大地增强说服力。关于这一点，我

想不会有人有异议吧。但是，理想是理想，现实是现实。在现实中想要找到那么可靠又有说服力的数字，绝非易事。实际上，以前我在企业中工作的时候，也经常为此事挠头，心想："手头要是再多一点数据的话，工作就好开展多了。"可是，因为不现实的想法望洋兴叹，是解决不了任何问题的。那么，遇到这种情况时，我们该从哪里寻找突破口呢?

其实，数字并不只在加强肯定的时候才用得上。我们曾经受到的数学教育，都是要求我们寻找正确答案，所以我们会根深蒂固地认为数字的作用就是得出正确答案。

我想说的是，在进行"否定"的时候，数字也有用武之地。

下面为你举一个简单的例子。

问题？

请你判断下列叙述是否正确。如果你觉得不正确的话，请在说明理由的基础上加以否定。

有20个人接受测试，测试题共有5道，答对1道题得1分，所以满分是5分。结果，得到2分以上的人有7个。由此推断，全体接受测试的人员其平均分在2.5分以上。

我想你一定也觉察到了，平均分高于2.5分这个结论相当可疑。但是，只凭直觉判断的"可疑"，无法做出有效的否定。这个时候，就该运用数学了。

首先，我们根据题目中给出的条件，计算一个在可能范围内最高的平均分。

▶ 得分高于2分的人→假设他们都得到满分5分　（7个）

▶ 得分低于2分的人→假设他们都得到1分　　（13个）

根据这样的假设，计算出的平均分为：

$(5\times7+1\times13)\div20=48\div20=2.4$分

根据题目中给出的条件，计算出来的最高平均分是2.4分。

所以，题目中说“全体接受测试的人员其平均分在2.5分以上”是错误的！

这样，我们就可以使用数字将对方彻底否定。我们再回到前面的话题。那位Web市场调查负责人头脑中只想着能够肯定自己见解的数字，如果稍稍转换一下思维方式，结果又会怎样呢？换句话说，就是用数字来否定上司的见解。如果这种方法可行的话，那么上司通过排除法，采用Web市场调查负责人意见的可能性将会大大提高。

具体做法如下，首先假设上司的意见“招揽顾客的能力不足”是正确的。那么，随着顾客减少，网页访问量应该出现以下两个结果中的一种。

▶ **网页访问量和顾客数量成比例减少**

⇒ **顾客数量和网页访问量成比例**

⇒ **问题存在于招揽顾客的能力**

▶ **网页访问量基本上没变化**

⇒ **顾客数量与网页访问量不成比例**

⇒ **问题存在于网页的设计**

实际上，网页访问量基本上没有变化，这个数字就可以否定上司的意见了。由此一来，“网页访问量”就成了决策过程中的重要数字。数学不管在“正”的方面还是“负”的方面都是“完美”的。也许说得有点极端，但被数学“否定”的事物，就是绝对、彻底的“否定”。数学具有如此大的威力，我们没有理由不加以利用啊。

19 你还有余力享受“想象”的乐趣吗

他们是如此不同，毕达哥拉斯与达·芬奇

以前上学的时候，解答数学题时，你有没有过下面的体验？

- 自己解题的方法和参考书上的标准答案不一样；
- 自己解题的方法和老师教的方法不一样。

实际上，这是一种非常了不起的体验。在数学的学习中，能否得到正确答案，其实并不是最重要的（当然，在应试教育中，要在考试中拿高分，这个时候得到正确答案就很重要了）。

下面我们通过一道例题来感受一下过程的魅力。

勾股定理

一个直角三角形的三边长度分别为a、b、c，那么，以下等式必然成立（其中c为斜边的长度）。

$$a^2+b^2=c^2$$

勾股定理有很多种证明方法，其中希腊哲学家毕达哥拉斯和意大利文艺复兴时期的艺术家达·芬奇都曾用自己的方法证明了勾股定理。下面我们就来比较一下两人不同的证明方法。

首先我们来看毕达哥拉斯的证明方法，他利用了图形面积来证明这个定理。三边长度分别为a、b、c的直角三角形只有一个的话，难以进行证明。

图19-1 毕达哥拉斯如此思考

准备四个完全一样的直角三角形，经过组合可以得到边长为 a+b 的正方形（左）。而将直角三角形改变位置，又拼出了和左侧正方形面积一样的正方形（右）。

左右两个正方形中阴影部分的面积相等，因此，根据阴影中小正方形的面积关系，就证明了勾股定理。

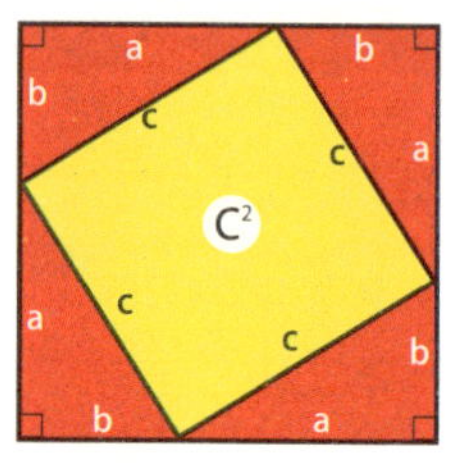

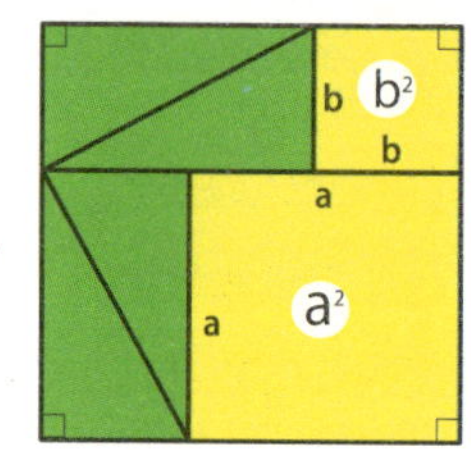

图19-2 达·芬奇如此思考

为了求出三个正方形 a、b、c 的面积关系，我们进行如下操作。

①将图 1 中由 a、b、d、e 组成的图形按照箭头方向旋转 90 度。
②旋转完成之后，按照黄色部分与蓝色部分的分界线将这个图形一分为二，将蓝色部分上下颠倒，再与黄色部分组合，就得到了图 2 中的图形。比较变化前后的图形，我们会发现，因为图形的总面积没变，所以 a+b+e+d=c+f+g。另外，根据边长和角度的关系，我们又可以发现，三角形 e=d=f=g。所以，前面的等式可以精简为 a+b=c。

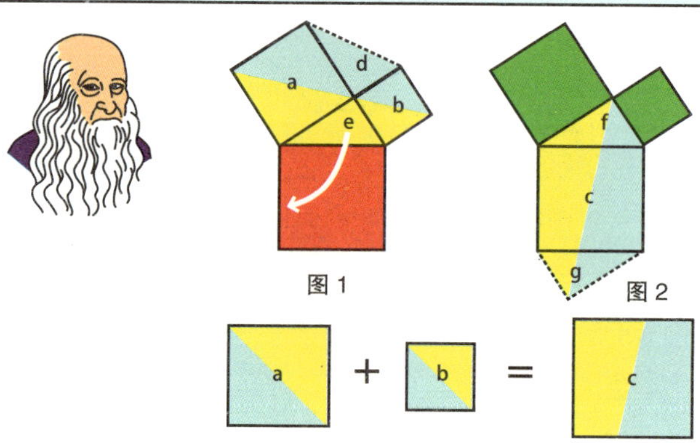

于是，毕达哥拉斯开始发挥想象，准备了四个完全一样的直角三角形，看看能不能把它们拼接成其他图形。结果，就拼出了如图19-1左侧所示的正方形。而且，改变四个三角形的位置，可以拼成面积相同的正方形。到了这一步，勾股定理就已经得到了证明。

另外，达·芬奇也有自己的证明方法。众所周知，达·芬奇是文艺复兴时期意大利具有代表性的艺术家，而他证明勾股定理的思路，也和他的艺术创作一样，简直令人惊异。请你参见图19-2。可能不是太好理解，先将图1中由a、b、d、e组成的图形按照箭头方向旋转90度，然后按照黄色部分与蓝色部分的分界线将这个图形一分为二，将蓝色部分上下颠倒，再与黄色部分组合，就得到了图2中的图形。比较变化前后的图形，我们会发现，因为图形的总面积没变，所以a+b+e+d=c+f+g。另外，根据边长和角度的关系，我们又可以发现，三角形e=d=f=g。所以，前面的等式可以精简为a+b=c。这下你就明白了吧？是不是很了不起？达·芬奇不用数字，也不用公式，就证明了勾股定理。这充分体现了达·芬奇身为艺术家的个性。对两位伟人证明勾股定理的方法进行比较是不是很有趣？这也是数学的魅力所在。

接下来该说点工作上的事情了。你有没有过下面的经历？

你和一位同事在讨论一个主题，结果发现你们的结论是一致的。虽然你们各有各的根据和理由，但都确信这个结论不会错。

在工作中，我经常遇到这种情况，而且每一次都令我兴奋不已。一般来说，在商务工作中，想达到一个目的，不可能只有一种思维方式、一条路。那么，在现实中又该如何呢？一旦我们提出某种主张，大家围绕这个主张进行的讨论其实非常有局限性，即只把目光放在一个点上，要么赞成、要么否定。这个时候，其实需要从不同的角度进行发散性思维。

在职场中打拼得久了，人容易忘记还有“其他的思维方式”这件事。对于别人的想法，我们不要急于否定，要有足够的度量认可别人的想法，这样的人才能在职场中更有发展。所以，在职场中听到别人提出不同的想法时，我们应该感到高兴才对，因为是他们让我们开阔了眼界。前面介绍的勾股定理的不同证明方法，首先告诉我们“想象力”的重要性，其次则教会我们要有接受、认同别人想法的度量。

20 通过学习数学，让自己成为整理高手

商务人士需要什么样的视角

“把语言组织一下再发言”“把资料整理好再拿给我看”“先把你的思路梳理一下”……在工作中，是不是经常听到上司这么说？

作为商务人士，我们对“整理”这个词的关注度恐怕要比一般人高很多。如今在书店中，介绍“整理术”的书籍很多，貌似也很畅销。所以，像“办公桌面能保持干净整洁的人，工作业绩也会高很多”之类的观点，也经常在我们耳边回响。我认同“整理”这个概念非常重要，不过我考虑的是通过学习数学培养起来的“整理能力”。

为什么这么说？因为为了解答数学问题，要做的第一项工作就是“整理”。

下面我想请读者朋友解一道题。在这里我不做提示，请大家自己思考。看你从什么地方着手解这道题。当然，解这道题的方法有很多种。

问题?

请参见下一页的图20-1。用27个同样大小的小正方体积木搭建成一个大的正方体。将图中所示的A、B、C三块小积木取下来。保持这个样子，将大正方体所有露在外面的部分涂上颜色，然后再将所有小积木打乱。请问，这个时候，有三面被涂上颜色的小积木一共有多少块?

图20-1 给积木表面涂色

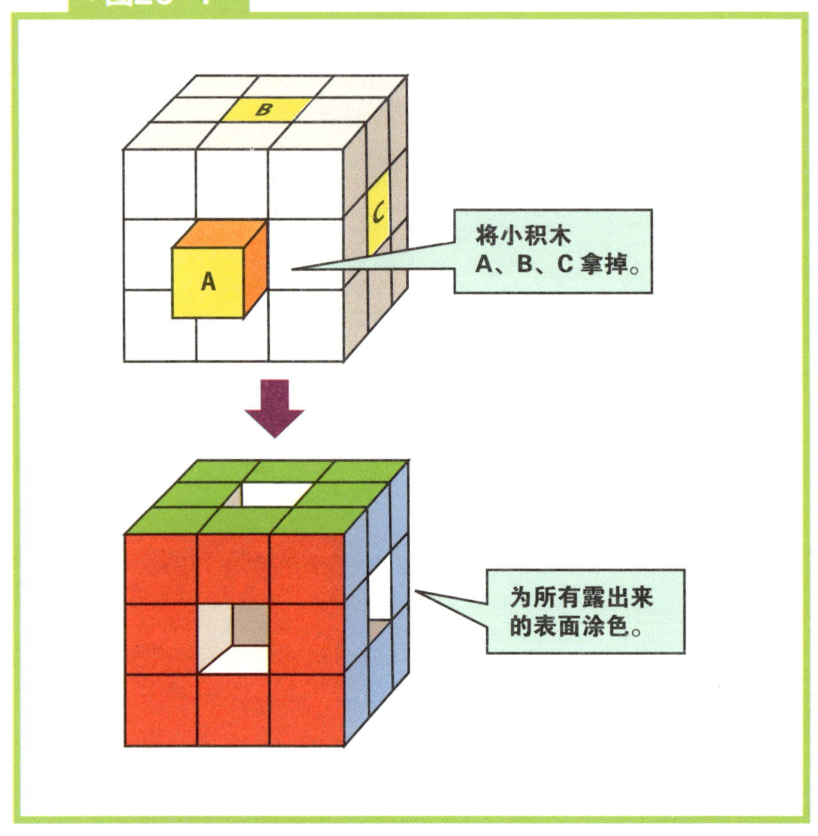

一开始不进行“整理”的朋友，可能会马上开始想象。他们在头脑中想象积木的样子，然后一步步得出结果。这种方法当然也不错。可是，一旦结果错了，对于到底错在哪个环节，是很难进行判断的。而且，也无法将解答的过程向第三者进行清楚的说明。所以，要让我解这道题的话，我首先会进行如图20-2所示的“整理”。

图20-2　整理到任何人都能轻松理解的程度

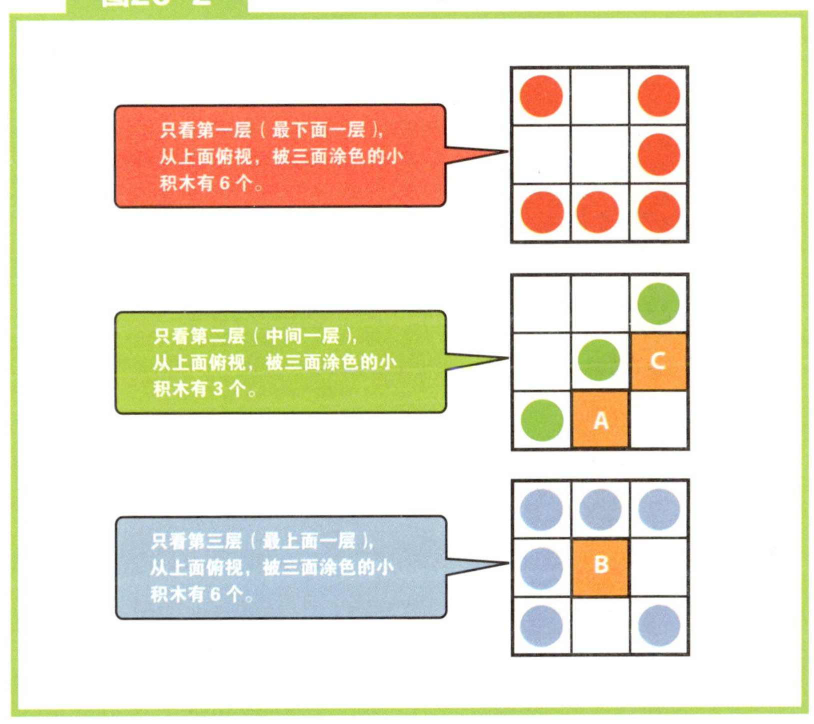

① 只看第一层（最下面一层），然后判断这一层中有多少块小积木三面被涂色；

② 只看第二层（中间一层），然后判断这一层中有多少块小积木三面被涂色；

③ 只看第三层（最上面一层），然后判断这一层中有多少块小积木三面被涂色；

④ 求出三面被涂色的小积木的总数。

具体过程是：

① 6个　② 3个　③ 6个　④ 合计15个

怎么样？经过这样的整理，是不是非常简单就算出了结果？而且，也能让人一目了然。万一出现了错误，也能轻松地找到出问题的环节。我采用这种方法，有如下两个理由：

- **容易向第三者进行说明；**
- **有错误更容易发现。**

也许聪明的你已经注意到了，以前在学校解答数学题时，可不需要先进行“整理”。为什么会这样？因为在学生时代，一道题是否答对了，在考试中是否取得了高分数，这才是最重要的。如果读者朋友们都是小学生，我给大家讲数学题时，肯定不会从商务人士的角度进行分析，只要告诉大家想办法得出正确答案即可。

然而，大家都不是学生，而是在职场中打拼的商务人士。在每天的工作中，有很多事情等着大家去“整理”，所以我会通过解数学题的形式教大家掌握“整理”的能力。而且，商务工作不是单打独斗，需要团队合作。

“多亏了你事先进行了整理，我一下子就看明白了。”

“要不是你进行了整理，恐怕我们要犯致命的错误了。”

听到同伴如此夸奖自己，我们也会很开心。由此可见，“整理”不仅仅是为了自己，更是为了同伴、为了整个团队能够更加顺利地前进。

通过数学这项“基础训练”，我们要掌握的最后一个能力，就是“整理”的能力。

21 作为“基础训练”的数学与实用数学

商务人士需要重新学习的数学分为两类

在前面的章节中，我给大家讲解了作为一名商务人士应该如何将学校学过的数学与自我启发联系起来。在第三章的最后一个小节，我想对本章的内容做一个总结。

首先，通过数学这项“基础训练”，我们掌握了商务人士应该具备的五种基本能力。

- **说明的能力**
- **深入分析的能力**
- **否定的能力**
- **想象的能力**
- **整理的能力**

你可以通过阅读各种经管类、励志类的图书进行自我启发，也可以参加多种学习班、研讨会为自己充电。然而，想要一下子获得上述五种能力，我可以断言，重新学习数学绝对是最好的方法。从结论上来说，你从现在开始重新学习数学的话，一定能收获很多的好处。首先，你一定要把学习数学当作一项“基础训练”。至于具体的学习方法，你可以找出自己中学时代的参考书进行学习，也可以去书店购买针对成年人的数学书籍。这几年随着数学热潮的升温，针对成年人的数学参考书也多了起来，你可以慢慢选择适合自己的。

另外，忙碌的商务人士，肯定都想掌握马上就能应用于实践的数学技巧。比如，可以快速计算的技巧、用电脑进行计算的方法、Excel表格中的函数公式等。这些可能是你现在最需要的知识和技巧。不过，我并不会教你这些实用的知识和技巧。在这本书中不会，在我举办的研讨会、研修班中也不会。我并不想强迫你一定要爱上数学，但作为一名商务人士，你至少应该对数学的运用达到“熟练”的程度。我为什么这样要求你？因为机械化、填鸭式灌输的知识，不可能达到熟练运用的程度，也就无法在工作中使用。如果把数学换成英语，可能更便于你理解。只知道单词、语法的知识，到了实际场合，你还是很难开口和外国人对话，数学也是一样。

那么，完成了数学的“基础训练”后，我还想再掌握一些马上就能使用的数学知识和技巧，下一步我该怎么做呢？对于这个问题，我的回答其实非常简单。那就是，要“熟识”数学，更严密地讲应该是：“熟识”数字，和数字“搞好关系”，并达到熟练运用数字的程度。

我看到数字就头痛，请你教我在工作中也能用到的数学技巧！

让我说的话，这句话实在缺乏建设性。要想将数学技巧应用到实际工作中，首先必须克服自己对数字的畏难情绪，即所谓的“数字过敏”。能够和数字搞好关系，熟练运用数字之后，再学习一些数学技巧，才能在工作中发挥作用。要说会带来什么好处，我可以告诉你：

- **你能够看穿数字背后的含义**
- **你能够不被迷惑**

- 你能够不受损失
- 你能够说服别人
- 你能够提高工作效率

把数学当作一门知识重新学习的好处是“掌握数学的应用能力”，这就是“基础训练”给我们带来的好处。另外，学习商务数学，换一种说法就是学习在工作中能够用到的数学知识和技巧，即实用数学。学习实用数学给我们带来的好处是“能够做到活用数学”。

由此可见，商务人士重新学习数学的目的有两种。第一，将数学当作一门“学问”去学习，利用数学对五种基本能力进行训练；第二，将马上就能应用到工作中的数学知识当作一门“技术”去学习（见图21-1）。

图21-1　商务人士学习数学的两种目的

	商务人士重新学习数学	
	① 纯粹的数学	② 商务数学
内容	学校数学、考试数学	为商务工作专门编辑的数学知识
目的	基础训练	学习技术、技巧
关键点	不拘泥于正确答案和分数，享受自由思考的乐趣	重点不在于“解题”而在于“应用”
学习方法	数学教科书、数学参考书、为成年人编写的数学书	商务书籍、商务数学书籍
将会得到的好处	掌握说明的能力	能够看穿数字背后的含义
	掌握深入分析的能力	能够不被迷惑
	掌握否定的能力	能够不被损失
	掌握想象的能力	能够说服别人
	掌握整理的能力	能够提高工作效率

本书后面的章节，将主要针对第二种目的展开讨论。在第四章中，我将教你一些克服“数字过敏症”的方法，帮你摆脱对数字的畏难情绪。那我们赶快开始吧，为了掌握“工作中也能用到的数学”，先来做一些准备活动吧！

第四章

就是这么简单！克服数字过敏症的七种良药

22 将“×”换成“-”的乐趣

用这种方式消除你对数字的紧张情绪

不管你的“数字过敏症”有多么严重，在工作中你肯定得使用“四则运算”。要说到我们商务人士和数字之间的联系，首先不得不说“四则运算”。对数字怀有畏难情绪的朋友，并不是不会做“四则运算”，只是还没有掌握其中的窍门。下面举一个具体的例子。

9,999×8=?

看到这道乘法题，大多数朋友肯定都会说：“算是能算得出来，只不过有点麻烦。”

只要我们使用小学时学过的乘法竖式，别马虎，就能得出正确答案。不过，求得计算结果的工具我们一共有四种——加、减、乘、除。如果有其他更简单的方法，当然更好。换作我的话，这道题我会这样做：

9,999×8=（10,000-1）×8=80,000-8=79,992

嘿嘿，虽然这是一道乘法题，但最后我把它变成了一道减法题。而且，根本不用烦琐的计算，就能轻松得出结果。我想这种方法可以减少计算题让我们产生的厌恶感和紧张情绪。

几乎所有人都讨厌麻烦的事情，而且麻烦的事情还会给人带来精神压力和紧张感。像前面例子中那种位数多又不整齐的数字的乘法，很容易让人陷入精神紧张的状态。而且，还会发生下面一系列的连锁反应。

被强迫做麻烦的计算

不得不求出正确答案，所以就按部就班地进行计算

虽然能计算出结果，但精神上倍感压力，而且一点乐趣都体会不到

做出一道题后，精神上的紧张还没来得及消除，又要做下一道题

在麻烦的计算题面前，精神上的紧张进一步升级

像前面的那道例题，因为其中有“×（乘号）”，我们很容易不假思索就按照乘法进行处理。实际上，我认为这种思维定式正是产生“数字过敏症”的根源。

为了能更轻松地计算，我们应该灵活地运用“四则运算”的各种方法。下面就让我们一起来练习一下吧。如果遇到了如下问题，你会如何计算呢?

问题?

① 标价1,200日元的商品，其成本率为75%，请问它的成本是多少?

② A公司共有90名员工，每名员工每天的通勤费（来回）平均为890日元。那么，这家公司平均每天需要支付多少通勤费来保证员工正常上下班?

③ B店上个月的顾客总数为200名，销售额为1,190万日元。请问平均每位顾客为B店贡献的销售额是多少？

不管你从事什么样的工作，都会接触到计算的问题。而且我相信对于上述几个问题，每位读者朋友都会计算。但问题是如何更加轻松地计算，才不会让我们感到压力和紧张。没有必要把问题想象得多么困难，请以做游戏的心态来面对计算问题。能够享受计算的乐趣，就是克服“数字过敏症”的第一步。顺便说一下，我的解题方法如图22-1所示。你先看一看，怎么样？是不是感觉没什么压力？

图22-1 毫无压力的计算方法

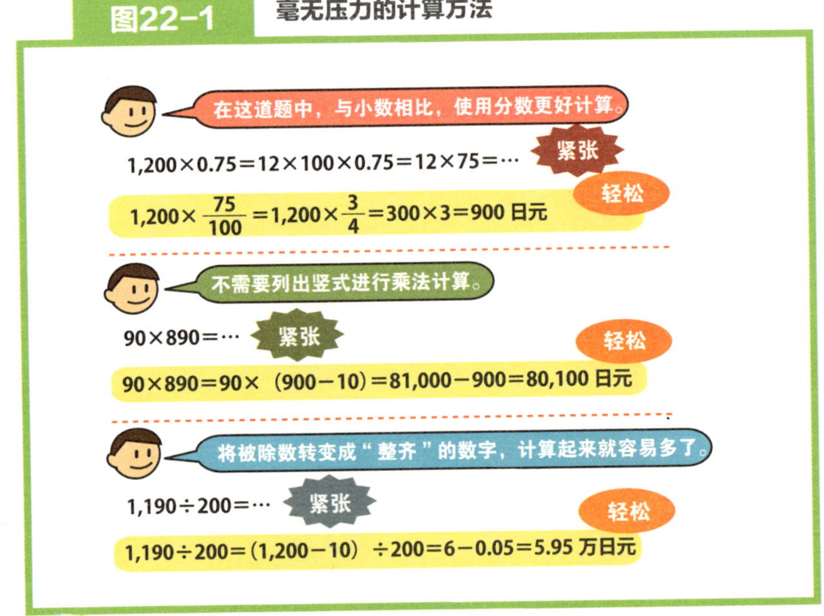

23 为什么印度式计算法更好

提高计算能力最好的训练方式是什么

在前一小节中，我建议大家去享受计算的乐趣，但并没有告诉你具体的训练方法。现在我要告诉你一个提高计算能力最好的训练方式，那就是：

印度式计算法

最近媒体对印度式计算法进行了报道，相信不少朋友也听说过印度式计算法。但是，我发现很多人对印度式计算法存在误解，在这里就给大家讲一讲这种独特的计算方法。

我们上学的时候，在数学考试中，监考老师常会提醒我们："做完后请认真进行验算，以免出错。"老师说得确实没错，但事后的检查对于解决问题来说并没有什么用处。如果掌握了"不容易出错"的计算方法，就可以在事前避免错误的发生。换句话说，就是能够更好地解决问题。

所谓印度式计算法，泛指印度教育机构教给学生的计算方法。印度式计算法非常独特，和日本学校教的计算方法有很大的区别。举例来说，说到乘法，在日本的学校，会让孩子们背诵"九九乘法口诀表"（45条）作为计算乘法的基础。但在印度，学校会要求孩子们背诵19×19（361条）之内的乘法口诀。仅从背诵量来看，印度就大约是日本的8倍。

一提到印度式计算法，很多朋友容易把关注点放在"提高计算速度"

上，但印度式计算法的思维方式中真正重要的并不是计算速度，而是“为防止计算出错而下的功夫”。这也是最容易被人误解的地方。在前一小节中我为你介绍的计算方法，出发点也不是“追求计算速度”，而是“尽量减少错误的发生”。下面我们以三位数乘以三位数的乘法为例进行讲解。

297×477=?

按照小时候受过的数学教育，我们应该会列出一个竖式，然后按照如下方法进行计算：

```
    297
   ×477
 -------
   2079
  2079
    ⋮
```

而印度式的计算法则是先用一个计算公式，将每一位的结果计算出来，然后再根据特定的规则进行加法计算，结果就得出了正确答案。这种方法不仅准确、不容易出错，还特别好记。

下面为你讲解印度式计算法的具体计算过程。对于三位数乘以三位数的乘法，我姑且用○△□×●▲■来表示。也就是说，○和●代表百位数，△和▲代表十位数，□和■代表个位数。此时，如下一页图23-1所示，不同位数上的数字分别相乘，共得到9个数字。然后根据特定的规则，将这9个数字分别分配到个位到万位上，接下来再按照特定的规则进行加法计算，就可以得出正确答案。这种方法看上去有点复杂，但实际计算起来非常简单。

图23-1 印度式计算法中计算三位数乘以三位数的基本规则

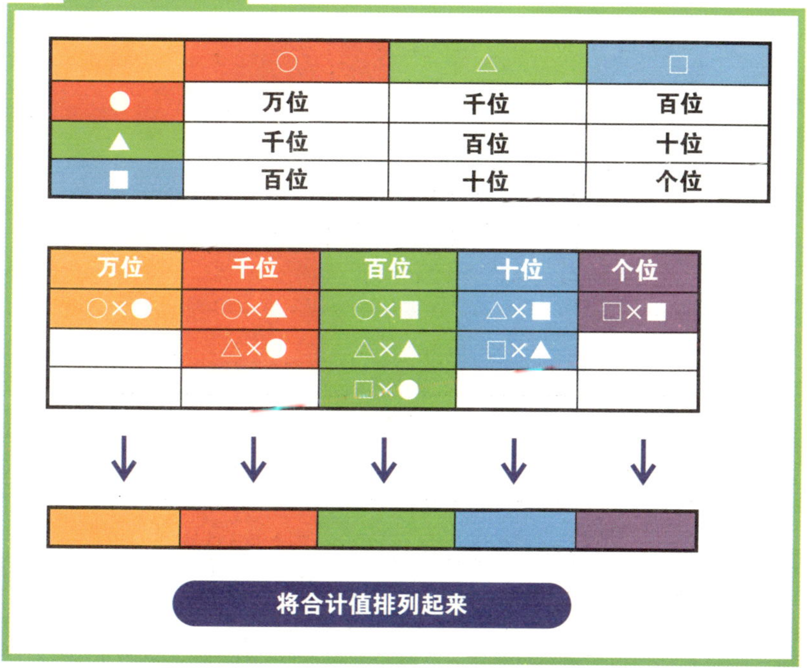

	○	△	□
●	万位	千位	百位
▲	千位	百位	十位
■	百位	十位	个位

万位	千位	百位	十位	个位
○×●	○×▲	○×■	△×■	□×■
	△×●	△×▲	□×▲	
		□×●		

↓ ↓ ↓ ↓ ↓

将合计值排列起来

下面我们就来实践一下。看看使用印度式计算法计算297×477时是什么感觉。用文字说明不如看实例更加直观，请参见图23-2，看我是如何计算的。

按照前面的规则计算出来的数字依次是8、50、105、112、49。

将个位得出的49这个数字中的4与相邻的112相加，得到116。

将116这个数字中的11与相邻的105相加，得到116。

将116这个数字中的11与相邻的50相加，得到61。

将61这个数字中的6与相邻的8相加，得到14。

这些操作完成之后，排列好的一串数字就是14、1、6、6、9。

图23-2 印度式计算法中，297×477该怎么计算

	2	9	7
4	8	36	28
7	14	63	49
7	14	63	49

万位	千位	百位	十位	个位
8	14	14	63	49
	36	63	49	
		28		

↓

8	50	105	112	49

↓

8	50	105	116	9

把 4 与左侧的数相加

8	50	116	6	9

把 11 与左侧的数相加

8	61	6	6	9

把 11 与左侧的数相加

14	1	6	6	9

把 6 与左侧的数相加

↓

141,669

根据以上计算，297×477=141,669。

感觉如何？仔细观察一下就会发现，这种计算方法和我们常用的计算方法所做的事情基本上是一样的。但是，“将数字的前面几位和相邻的数字相加”这种十分简单的操作，让我们摆脱了进位的烦恼。

与计算速度上的优势相比，我想这种方法更大的优点是出错的可能性很小。通过前面的实际体验，我想你对印度式计算法已经有了大体的了解。

在面对计算题的时候，我们会感到精神紧张的情况大体有以下三种：

- **“九九乘法口诀表”之外的乘法计算**
- **多位数乘法中，每位数相乘的结果再相加需要进位的情况**
- **无法整除的除法计算**

而印度式计算法，彻底避免了遇到上述情况时给人造成的精神压力，而且还极大地降低了出错的概率。因为世界顶级的优秀技术人员层出不穷，使得印度这个国家在全世界享有盛誉。其中真正的原因并不是印度的人口基数大，而是印度人从小就学会了“不出错的计算方法”。

下面进行总结。对于数字怀有畏难情绪的商务人士，我极力推荐你们学习印度式计算法，其理由有三：

- **可以体验到计算的乐趣**
- **可以重新亲近数字**
- **能真正体验“减少出错的功夫”，这对工作也有很大帮助**

我想，对于很多朋友来说，日本的数学教科书在学生时代已经给你留下了负面的印象。在这里，你不用再翻开它们，可以从印度式计算法中学到更多更好的数学思维方式。

24 在商务工作中“比例”的作用是什么

需要的并不是“量”，而是对“量”的评价

关于计算的话题，我们已经讲过了，接下来，我们要重新认识一下商务工作中肯定会用到的一些基础的数学概念。首先，就是大家都非常熟悉的“比例”。

不管你多么不喜欢数学，多么讨厌数学，但是要想在商务工作中有所作为，首先必须跨越的一道障碍就是正确理解“比例”这个概念。下面我先问你一个问题。

为什么“比例”的思维方式是我们商务人士必须掌握的?

怎么样? 对于这个问题，你有什么样的见解? 正确答案应该是：掌握了“比例”的思维方式，就可以准确评价“量”的多少了。

举一个实际的例子，在面向商务人士举办的研讨会上，我会问在场的各位如下的问题。

日本SMAP乐队的粉丝有100名。请问粉丝算多还是少?

回答“多”或者“少”的朋友，非常遗憾，你还没能正确理解“比例”的概念。而回答“不知道”的朋友，恭喜你，答对了！你通过了这次测试。

因为前面我做了铺垫，所以大多数读者朋友都能理解我提这个问题的用意，也能做出正确的回答。但在研讨会上，因为之前我并没有做任何铺垫和提示，所以回答“少”的人很多。他们可能觉得全国那么多人，只有100名粉丝确实太少了。然而，如果是对130人进行了问卷调查，结果显示有100人是SMAP乐队的粉丝，那你一定会觉得这个数字很大吧。所以，我想说的是，只有存在对比的对象，一个数字（量）才具有意义，才能够进行评价。

不用我说你也清楚，在商务工作中，有很多方面都需要用数字进行评价。比如，销售额、成本、加班时间、员工人数、顾客数量等。然而，只用一个具体的数字（也称为“实数”）来表示的话，不能说明任何问题。不善于使用“比例”，会成为商务人士在工作中的致命伤。

好了，道理就先讲到这里，从现在开始我们一起用“比例”来和数字交朋友吧。你肯定充满了自信，并且心想：“不就是计算百分比（%）吗？可别小看我哟。”好！那我们就正式开始吧。

① A公司的销售额为1亿日元，B公司的销售额为1.5亿日元。

但是A公司的销售管理费用为1,000万日元，B公司的销售管理费用为3,000万日元。

② C公司去年的利润为12亿日元，利润率为24%。

③ D公司的人工费用2011年度为1亿2,600万日元，2012年度为1亿500万日元。

“这是要让我做什么呢？”你也许会这么想。我们上学的时候，不管什么样的数学题，最后总会提出“请求出○○○”的要求。而且，题目中会给出求得这个结果所需的要素。然而，到了实际的商务工作中，就完全是另外一回事了。几乎没有哪个问题会明确地提示你“请求出○○○”，这个时候，很多人就会不知所措。这样的朋友，需要进行“根据数字读取隐藏在背后的真相”的训练。因为我们不再是学生，而是商务人士，需要自己去发现问题、解决问题。读取数字背后隐藏的真相的能力，是我们应该具备的。关于上述三个问题，我的解释如下：

① 中的数字应该这样解读：

我们不能想当然地认为销售额达到1.5亿日元的B公司更厉害。不能只看实数，而要看比例，才能做出正确的评价。

A公司销售管理费用占销售额的比例为：

0.1亿÷1亿×100%=10%

B公司销售管理费用占销售额的比例为：

0.3亿÷1.5亿×100%=20%

由此可见，A公司以较低的成本，更加高效地实现了销售额，由此我们可以做出评价：A公司的经营状况更好。

② 中的数字应该这样解读：

用利润除以利润率，就可以得到销售额，具有这样的思维方式，你就算合格的商务人士了。其实，用实数除以它相应的比例，就可以求出基数的数值。对于“100的20%等于20”这种正向思维我们比较擅长，但反过来，“利用20和20%来求100”这种逆向思维，我们就没那么习惯了。因为我们平时不常把比例当作“被除数”来使用。

销售额=12亿÷0.24=12亿÷24×100=0.5亿×100=50亿日元

③ 中的数字应该这样解读：

如果以2011年度的数字为基准的话，那么2012年减少了17%。反过来，如果以2012年的数字为基准的话，2011年度的数字比2012年多出20%。

也就是说，改变基准的话，比例值也会随之发生变化。此外，如第二章中所讲的那样，数字可以弄错，但绝不能犯“增加120%”这种概念上的错误。

- 以2011年度的数字为基准，对2012年度进行评价：

  1050÷1260×100%≈83%

  也就是说，比上一年度减少了17%左右。

- 以2012年度的数字为基准，对2011年度进行评价：

  1260÷1050×100%=120%

  也就是说，2011年度比2012年度正好多出20%。

今后，我们要继续从商务工作的角度出发，和数字搞好关系。

25 为什么很多法则都用“比”来表示

在商务工作中，并不是求“比”，而是用“比”

我们一起复习了“比例”之后，再来重温一下“比”的概念。为什么说正确使用“比”，是一个商务人士必不可少的能力呢？虽然有些唐突，但我还是要先给你举个例子。A公司有50名员工，B公司有25名员工，两家公司员工人数之比当然是2：1。但这样就完了吗？我认为重要的是之后的事情。

商务人士，不是为了求“比”而存在的，而要成为专门用“比”的人。

前面那个例子，在我们得出了2：1的结论后，因为是在工作场合，别人可能会继续追问：“然后呢？”然而，如果是在学生时代，得出2：1的结论时，老师肯定会表扬一句：“正确！答对了。”由此可见，商务工作对我们的要求已经不再停留在求“比”的阶段了，而是正确地使用“比”，以及根据“比”找到解决问题的具体方法。下面我们用一个实际案例为你讲解著名的“6：4法则”。

谈判的妥协点为6：4

“求”比值，并不是我们商务人士的工作。“使用”比，推导出对工作有帮助的数字或方法才是我们的工作。因此，很多商务书籍介绍的各种法则，常用比的形式进行表示。其中隐含着这样的信息：“请将这个‘比’应用到工作中去！”

对数字患有过敏症的朋友，看到6：4这个比之后，很可能会点头说一句：“嗯，我明白了。”然后就此结束话题。从现在开始，你要改掉这种见了数字就“逃跑”的毛病。具体做法就是正确理解比的概念，养成根据比计算出实数和找出解决方法的习惯。

“谈判的妥协点为6：4”这个法则，说的是双方在进行谈判时，通常会在6：4的位置相互妥协，达成协议。那么，我们该如何使用这个法则呢？我们通过一个谈判的案例来看看“6：4”这个比该怎么使用。

问题？

A公司一直从B公司采购原料，现在A公司想将从B公司采购的原料量减少5%，于是和B公司展开谈判。你认为会有什么样的结果出现？

首先，我们要从正确理解“比”的概念入手。现在暂时离开正题，请你思考一下下面这个问题。

问题？

将100按照1：1的比例分割成两部分，请问每一部分是多少？

没错，是50。肯定有朋友会说：“这么简单？你在逗我们玩吧？”其实不然。50这个答案，也许你凭直觉就可以想出来，但重要的是，为什么是50？因为所谓“按照1：1的比例进行分割”，就是将整体看作1＋1＝2，而分割后的每一部分都是整体2中的1，这样才得到50这个结果。具体算法如下：

$$100\times\frac{1}{1+1}=100\times\frac{1}{2}=50$$

图25-1 如何“使用”比

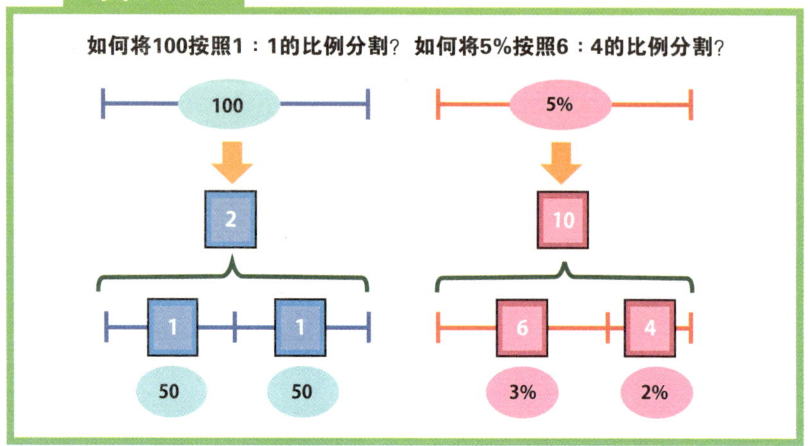

我们再回到降低采购量的那个问题。所谓“谈判的妥协点为6：4”，是将整体看作6＋4＝10，然后将整体分割为6和4两部分（见图25-1）。也就是说，在谈判中一方提出的要求，对方可能接受其中的6／10。那么，

$$5\% \times \frac{6}{6+4} = 5\% \times \frac{6}{10} = 3\%$$

据此，我们大体可以估算出，对方可能会接受采购量减少3%。如果采购量比原来减少5%是A公司真实的目标，那么谈判之初A公司就提出减少5%这个数字是错误的。那么，一开始A公司应该提出什么样的数值，最终才有可能达成减少5%的协议呢？朋友们可以自己计算一下。我认为应该是$5\% \div \frac{6}{10} \approx 8\%$。

对商务人士来说，“比”是我们粗略计算出一个预想值的“尺子”。尺子存在的意义在于测量事物。请你一定要善用这把尺子，在工作中的各个场合测量“尺寸”。有了这把尺子，能让我们的工作更加到位，也能大大增加我们接触和处理数字的机会，还有助于改善对数字过敏的症状。

26 使用数字的训练中，减法是非常有效的方法

高明的商务人士拥有“减法思维方式”

一开始，我先给你出一道题。

为什么马拉松运动员跑到最后还能冲刺?

“因为他们还有体力呗。”确实如此，不过这样的回答感觉有点偏离了主题。非常遗憾，这并不是我想要的答案。这个回答太过想当然了，朋友们应该更加深入地思考一下我问这个问题的用意。要让我回答的话，我会说：

因为他们确定了终点在哪里，然后从终点做减法，计算出比赛中分配体力的方法。

马拉松比赛的总里程为42.195千米，马拉松运动员会用总里程减去已经跑过的距离，计算出剩余的距离，然后据此决定选用什么样的跑法。当然，起跑、途中跑和临近终点的跑法都不一样。也许你会认为这是理所当然的，太正常不过了。但是我想问你，这种理所当然的事在商务工作中该怎么实践呢?

接下来要为你介绍的几个案例，并不是单纯的计算问题，而是如何运用“减法思维方式”的问题。为了克服对数学和数字的过敏症状，有些朋友

认为应该尽量多地接触数字，这样就足矣，其实这是一个天大的误解。说到底，对于商务人士来说，应该掌握的是如何使用数字的“思维方式”。单纯地、不经思考地多接触数字，对实际工作没有任何作用。

案例1

今天，营业部的新进业务员A君从客户那里取得了20万日元的订单！之前他去客户公司跑了好几趟，而且每天都为了这个项目加班到很晚。恭喜他！

我们真心恭喜A君！不仅对于A君，对于周围的同事来说，这都是一件值得庆祝的好事！

不过，在此我要泼一盆冷水了。为了得到这笔订单，A君一共花了多少成本呢？粗略地估算一下，竟然是30万日元。

20万日元－30万日元＝－10万日元

当然，我并不是有意地责难A君。我只是想告诉大家不能只看结果，还要具备这种“结合成本看结果”的思维方式。在理解了成本与成果的基础上，再祝贺A君，这才是一位成熟的商务人士应该具有的视角。不过，我还是要恭喜A君，因为这毕竟是宝贵的第一次！第一次的成功经历，使A君获得的不仅仅是20万日元的订单，还有比实际金额更加宝贵的营销经验。

案例2

公司每天的工作时间是从上午9点30分到下午6点。这一天，我打算按时下班。现在是下午2点30分，工作已经完成了预定计划的50%。我想，后面的工作慢慢做也能在下班时间前完成。

我预定的下班时间是下午6点。用减法进行计算的话，剩余的工作时间还有3小时30分钟。除去中午休息的1小时，那么从早上上班开始我已经工作了4小时。

4小时 ⇒ 完成了50%的工作

剩下的3个半小时 ⇒ 能否完成剩余50%的工作，令人有点怀疑

经过这样一计算我就会发现，在接下来的工作时间里，不能慢慢地工作了。只有比之前的工作效率更高，才有可能在下班前完成工作。

案例3

B君为了制作重要的资料，每天加班到深夜。当他做完资料，交给上司审阅的时候，上司却说：“没必要做得这么精细。”另外，还指示B君对资料进行精简。

我年轻的时候，也经常干这种事（苦笑）。事先没有设定目标，结果往往会变成这个样子。

工作应该按照下面的减法算式来开展。

工作＝所需的资料－手头现有的资料

明确了自己应该做的工作，也许就没有必要每天加班到深夜了。

我想传达给大家的信息是，在工作的所有情况下，都可以使用减法的思维方式。商务人士需要的能力不是快速计算出“123456－654321＝？”的速算能力，而是把工作转化成数字或算式，然后用减法进行思考的能力，也就是“减法的思维方式”。

如何帮助大家消除对数字和数学的畏难情绪，是这一章的主题，但是非常遗憾的是，下列一些行为表面上看起来是克服数字过敏症的对策，但实际上根本没有效果。

- 一味埋头苦练那些没有意义的数字计算；
- 毫无目的地大量浏览那些带有数字的报纸和资料。

朋友们，没有必要去做机械的数字计算，而是要增加在工作中用到数字的机会。为此，有效的手段之一就是在工作的各种情况下，“先设定一个目标，然后对目标进行减法操作”。

27 除法如果使用不当的话，将会变成一种恐怖的东西

商务工作中的正确评价是通过“除法”进行的

在前一小节中，我介绍了减法在工作中的重要性。如果从工作中也能用到的数学这一视角来看的话，四则运算中还有一种运算是非常重要的，那就是“除法”。

前面为大家讲解“比例”的时候已经说过，在工作中的各种情况下，我们都要进行评估、做出评价，这个时候，“除法”能够派上大用场。要想成为精通数字的高明商务人士，熟练掌握除法是一个必要条件。

我想，大家都了解除法在工作中的重要性。很多数学书、商务书中也都提出了类似的主张。不过，我的主张是：重要的是，把什么设定为评价的指标，通过怎样的除法计算来求得这个评价指标，以及如何正确解释这个评价指标。实际上，在现实工作中，会有很多数值一起出现在我们眼前，干扰我们的视线。有些资料，一眼看去，发现其中罗列着很多数值。我们需要的能力是选择到底用哪个数值除以哪个数值，才能得到正确的评价指标。我们先来看一个实际案例。

问题？

下一页的图27-1，是某服装企业各个店铺上个月的营业数据。要知道哪家店铺员工的工作效率最高，你该如何利用图表中的数字呢？

在实际的商务工作中，这种一下罗列了很多数据的资料非常常见。如果

图27-1 评价哪个店铺最优秀

	A店	B店	C店
销售额（日元）	19,727,400	13,884,549	15,615,750
店铺面积（平方米）	180	218	231
员工人数（名）	41	33	26
销售数量（件）	1,540	1,059	1,410
平均销售单价（日元）	12,810	13,111	11,075

没有对数字的敏锐洞察力，没有掌握正确的除法使用方法的话，看到这一大堆数字肯定会让人眼花缭乱。这次的问题是“要知道哪家店铺员工的工作效率最高”，所以从上述数据中只选取“销售额”和“员工人数”即可，而不用考虑其他的数字吗？对，不用考虑。

A店：19,727,400 ÷ 41 ≈ 481,156日元

B店：13,884,549 ÷ 33 ≈ 420,744日元

C店：15,615,750 ÷ 26 ≈ 600,606日元

用各家店铺的销售额除以各家店铺的员工人数，就得到各家店铺每名员工的平均销售额。用这一指标进行比较的话，我们可以发现，C店员工的工作效率最高。也就是说，从这个角度看，C店最优秀。但是，如果以哪家店铺的单位面积销售额最高为标准来判断哪家店更优秀，又该选用哪些数字进行计算呢？

A店：19,727,400 ÷ 180 ≈ 109,597日元

B店：13,884,549 ÷ 218 ≈ 63,691日元

C店：15,615,750 ÷ 231 ≈ 67,601日元

根据计算结果可知，A店远比其他两家店铺单位面积的销售额高。但是，到底哪家店铺更优秀呢？不同标准的对比会得到不同的结果，让人混乱。在实际工作中，这种情况时有发生。以前我在企业工作的时候，就经常遇到这种情况。这种混乱，其实是不善于处理数字的朋友都会遇到的，其中的原因来自于误解。这些误解是：

误解①：数据越多越好

误解②：计算时使用的数据越多越好

误解③：有些数字如果不用，不就浪费了吗？

误解④：从不同的角度计算出来的结果（实际情况）应该是一致的

怎么样？如果你有上述任何一项误解，今后请一定要改正。正确的理解应该是：

重要的不是除法本身，而是首先要明确以什么为标准进行评价，然后在此基础上选用必要的数字进行除法计算。

如果不能正确理解这一点，就会像前面那样计算出不同的结果，自己都会感到困惑。并不是把数字拿来随便一除，就可以得到想要的结果。为了得出结论，先要确定一个评价的指标，然后为了求得这一指标，只进行一次除法计算就够了。

28 养成将所有事物“翻译”成数字的习惯

只看数学等式和数字的罗列，没有任何意义

我有位朋友说：“现在我依然很讨厌数学！”我询问他讨厌的理由，他的回答是：“看到数字的罗列或者数学等式，就像在读一堆暗号，让人不寒而栗。”你是不是也有同感？如果是的话，那么本章的最后一个小节，你一定要好好读一下。

$$(x+a)^n=\sum_{k=0}^{n}\binom{n}{k}x^k a^{n-k}$$

看到这样一个数学等式，是不是立刻感觉它跟我们的日常谈话不属于同一个维度空间？感觉它像“暗号”也是很正常的。在这里，我所考虑的是，如何缓解那些对数字怀有强烈畏难情绪的朋友对数字的厌恶感，而我真的找到了解决问题的方法。

不必勉强去做的事情：勉强去解读数字的罗列或数学等式；

一定要做的事情：将通常使用的文件或日常对话，用数字来表示。

数字也是一种语言。而且，数字这种语言具有神奇的力量，其他语言无法表达出来的含义，它能表达出来。举例来说，本章中为你介绍的比例、比，就具有普通语言难以实现的表达能力。如果把数字当成一种语言的话，那么完全没有数字的文章，是不是就能翻译成数字了呢？我认为这是可行

的。既然语言之间可以进行翻译，那么语言和数字语言之间，当然也可以进行翻译。

不要把它想象得太难，把翻译当作一种有趣的游戏就可以了。

问题?

“对于新进入公司的员工，应该先教他们基础知识。打牢基础的新人，日后才可能有飞跃性的成长。”

这段话中没有一个数字，那么我们该如何用数字或数学等式来翻译它呢?

这是一个有点麻烦的问题，不过越是麻烦的问题，越能锻炼我们的思维能力。我可以先告诉你，答案可能有很多种，正确的也绝不止一种。下面就请你开动脑筋思考一下吧!

怎么样?你有什么眉目了吗?首先，“新员工”该如何解释?我认为是刚进入公司，什么也不会，没有任何成绩的人。所以，可以用“0”来表示。接下来，“教他们基础知识”，可以想象为把“0”变成“1”的作业，即“0+1”。后面“飞跃性的成长”，可以理解为数值增加，但不一定是固定数值，“飞跃性”可以暂定为“成倍地”。于是，我们就可以用下列方式翻译上面那段话。

第一年度=0 或者 1（=0+1）

第二年度=（第一年度）×2

第三年度=（第二年度）×2

……

第n年度=（第n-1年度）×2

也就是说，打牢基础之后，日后的能力就会成倍增长（飞跃性的成长）。

反之，如果没有打牢基础的话，那么不管经历多少年月，最终还是“0”（因为0乘以任何数字，结果还是0）。

我们用数学等式来表示这个意思的话，就是：

$a_n=0$ 或者 $1\times2^{n-1}$（a_n为第n年度的值）

感觉如何？如果一开始就给你这样一个等式，并请你解释一下，相信对你来说绝对不是一件愉快的事情吧。反过来，将完全没有数字的一句话，翻译成数字、等式的这个过程，是不是就轻松多了呢？

下面，为了进一步巩固你的翻译能力，我再给你出两道有趣的题，请你试着用数字进行翻译。

“喂！你喜欢我到什么程度？”

女朋友突然问你（男性）这样一个问题。你会用什么样的回答来应对这个“危机”呢？

问题

B部长的管理能力比A部长差很多，请用大家都看得懂的数字将这一情况表示出来。

读到这里，我想朋友们心中可能还会留有一个疑问，下面我就来做个解答。要问这样的数字翻译游戏在商务工作中真的有用吗？我会负责地回答你：“Yes！”

在商务工作中，你要能非常自然地说出如下这句话：

如果把当前的状况假设为1的话，那么我们明年争取做到1.4！

这样说话，是不是很有成功人士的范儿？也就是说，在没有数字的地方，我们要想出用数字去表达的方法。如果能做到这一点，当你意识到的时候，你就已经消除了对数字的厌恶感，自然而然地在使用数字了。如果你觉得这个方法挺有意思的话，请一定要学习一下。

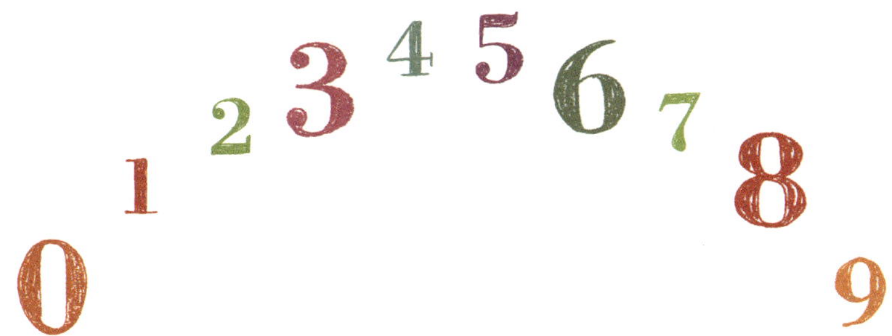

第五章

文科出身的商务人士也能做到！对商务工作绝对有帮助的数学技巧

29 由定性变为“定量”

先分析重要性之后再进行评价

在实际工作中可以使用的数学技巧，终于要出场了！前一章我为大家介绍了和数字搞好关系的方法，如果你已经实践了那些方法，并掌握了本章将为你介绍的实战数学技巧，毫无疑问你将变身为一名善于使用数学的“干练商务人士”。就让我们一起来努力吧！

问题？

你在某家公司担任零售事业市场调查的负责人。当前，正处于制订今后发展战略的关键时期，你和同事们开始研究今后公司应该大力发展哪种类型的顾客。于是，你们将顾客的类型分为四种，决定从中选出最重要的一类顾客。

A类顾客：第一次来店里，就突然购买了高额的商品；

B类顾客：来店里多次，才第一次消费，但消费金额比较高；

C类顾客：偶尔来店里，每次来必定会消费，单次消费金额不高；

D类顾客：来店里多次，其中有几次消费，单次消费金额不高。

摆在我们面前的有消费金额、来店次数、消费次数等指标，但是该如何具体评价上述四类顾客，你还不太清楚。讨论时，同事之间也是各持己见，难以达成共识。那么，到底该如何选出对公司来说“最重要的顾客”呢？A~D到底哪一种类型的顾客才是正确答案并不重要，这个问题主要讨论的是选择的方法。

正如你注意到的，这个问题中没有出现一个数字。也许你会想，这真的是一道数学问题吗？其实，在商务工作的世界里，这确实是一个可以用数学解决的问题。

从头一直认真读到这里的朋友，相信你们一定发现了“使用数学＝数值化”这个我一直在潜移默化强调的主张。

如果没有数字的话，那我们就制造出数字来！

我们来试试看。这个问题中，评价的指标有“消费金额”“来店次数”和“消费次数”，我们以5分为满分，为每一个指标进行打分。例如，A类顾客购买了高额的商品，所以他们的“消费金额”可以打5分，而“来店次数”和“消费次数”都是第一次，所以打1分。以下同理，可以给B、C、D类顾客的各个指标分别打分。然后，再按照顾客类型，将每种类型顾客的总分计算出来。结果，我们发现B类顾客得了11分，居第一位。也就是说，我们似乎可以下结论了，最重要的仿佛是B类顾客（见图29-1）。

用上面的方法得出的结论似乎也没错，但总觉得缺少点什么，就好像100分中只得到50分的样子。到底是哪里存在缺陷呢？也许你还摸不着头脑，那么我先来问你一个问题。“消费金额”“来店次数”和“消费次数”这三个指标，具有完全相等的价值吗？举例来说，假如商品是化妆品的话，与消费金额相比，恐怕消费次数（顾客回头率）更为重要；如果是便利店的话，顾客的来店次数应该比其他两个更为重要。由此可见，“消费金额”“来店次数”和“消费次数”这三个指标的重要性并不是完全一致的，我们是不是也可以将它们的重要程度数值化呢？那么我们就来试试看。

假设在这道问题中，顾客的“来店次数”是最为重要的评价指标，第二重要的是“消费次数”，最后是“消费金额”。如果以5分为满分的话，那么“来店次数”“消费次数”和“消费金额”这三个指标的重要性得分分别为5、3、1。这样一来，各个指标的重要性也数值化了。

我们终于可以进行最终的评估了。如下一页的图29-1所示，将各个指标的分数与其重要性得分相乘，再为每种类型的顾客求一个合计值（相加），就可以最终反映出哪种类型的顾客最为重要。

这次我们得到的结论是：D类顾客是最为理想的顾客。当然，如果各个指标的得分发生改变，各个指标的重要性也有变化的话，结果也必然发生变化。不过，这样也没关系。学生时代我们学习数学时，一道题只有一个正确答案。习惯了这种思维方式后，对于商务工作中可能存在多种答案的状况，也许你会有些不适应。但是，我们要试着让自己习惯这种多种答案并存的状况，因为这就是现实。

如果没有数字的话，我们总忍不住根据直觉去做判断。但是，如果我们能将相应的指标数值化，就可以将模糊不清的“定性判断”，变成准确的“定量判断”，也叫作“可视化”。这样一来，我们做出的选择不仅合理，而且还有充分的理由让别人都能理解。在这里，哪个才是正确答案并不是关键，最重要的是在实际工作中使用这种方法进行选择和判断。我希望大家学会这种思维方式。

请允许我说一点题外话，我的初恋发生在小学四年级。我喜欢的那个女同学当时对我说：

真太郎同学，你学习得5分、体育得4分、性格得4分、长相得3分。而我喜欢长相好的男孩子，所以，在我心目中，你现在排第二名，你要加油哟！

这就是结合重要性进行的评价。现在想一想，还是女孩子成熟得早一些

图29-1 结合重要性进行评价

将各个指标数值化

	A 类顾客	B 类顾客	C 类顾客	D 类顾客
消费金额	5	5	2	2
来店次数	1	5	3	5
消费次数	1	1	3	3
	7	11	8	10

将指标的重要性也进行数值化

	重要性	A 类顾客	B 类顾客	C 类顾客	D 类顾客
消费金额	❶	5×❶	5×❶	2×❶	2×❶
来店次数	❺	1×❺	5×❺	3×❺	5×❺
消费次数	❸	1×❸	1×❸	3×❸	3×❸
		13	33	26	36

A 类顾客＝5×❶＋1×❺＋1×❸＝13

B 类顾客＝5×❶＋5×❺＋1×❸＝33

C 类顾客＝2×❶＋3×❺＋3×❸＝26

D 类顾客＝2×❶＋5×❺＋3×❸＝36

※ 结论：D 类顾客是最理想的顾客类型。

（笑）。我儿时的故事，请大家一笑了之。

最后，我把结合重要性进行评价的要点给大家整理一下。因为这种方法马上就可以应用到工作中，所以请大家一定要亲自实践一下。

<顺序>

①先为每一个指标进行量化评价，即打分；

②再对每一个指标进行重要性评估，也以量化形式表示；

③将各个指标的得分相加，通过比较各个类型的得分，就可以比较合理地做出选择。

<注意点>

■ 指标重要性评估的数值，要拉开明显的差距。

■ 评估指标的重要性并没有严格的方法。可以现场进行讨论得出一个结果，也可以按照上司的主观判断来分析各个指标的重要程度，用什么方法都没关系。

30 这个数据，真的能用吗

用Excel软件计算出“相关系数”

在商务工作中，数据是不可或缺的参考。然而，很多情况下仅凭单独一种数据，无法看透事情的“真相”。例如，即使公司每月营业额的变动数据摆在面前，我们最多只能得出“营业额上升了”或“营业额下降了”的结论。如果想做进一步的判断，肯定还需要其他数据做支持。这个时候，面对多种数据，我们难免会产生一个疑问：

这组数据和那组数据，有关联性吗？

相互间没有关联性的数据，即使有再多，也只会引发无意义的讨论，甚至引导人们得出错误的结论。有的时候，我们已经告诉对方这些数据之间具有关联性，可是对方只能看到这些数据，看不出其中存在的关联性。本小节的主题就是帮助大家找到数据与数据之间的关联性，并根据关联性来判断哪些数据可以使用。

问题？

下一页的图30-1，显示的是某零售店上周的销售额。有人提出假设，说影响销售额的有天气情况和营业时间两个因素。于是，图表中还增加了上周7天的降雨量和营业时间两组数据。请问：哪组数据与销售额具有更强的关联性呢？

图30-1 和销售额关联性较强的数据是哪一组

<数据>上周一周的销售额

	星期一	星期二	星期三	星期四	星期五	星期六	星期日
销售额（日元）	1,207,400	1,198,200	1,387,200	1,251,100	1,542,300	2,199,000	1,390,300

<数据>上周一周的降雨量

	星期一	星期二	星期三	星期四	星期五	星期六	星期日
降雨量（毫米）	3.6	0	0.2	0.5	0	1.4	5.8

<数据>上周一周的营业时间

	星期一	星期二	星期三	星期四	星期五	星期六	星期日
营业时间（小时）	10	9	10	9	11	11	9

遇到这种情况时，我建议你使用Excel软件对数据进行“相关性分析”。说到相关性分析，也许你会认为很复杂、很难懂，其实并非如此。

所谓相关性分析，就是用数值对不同数据之间的关系强弱进行测定。

换言之，就是用数值显示数据之间的关联程度，使其更加易懂。下面我就为你介绍具体的做法。首先，将需要分析相关性的两组数据输入Excel软件，然后在“插入函数”中填入下列函数：

＝CORREL（　）

CORREL，是表示相关性（correlation）的函数，这个函数的计算结果在－1到＋1之间。这个结果值被叫作两组数据的相关系数。

好了，再回到前面的问题。我们先要求出销售额与降雨量之间的相关系数。然后，再求销售额与营业时间之间的相关系数。

图30-2 求销售额与降雨量之间的相关系数

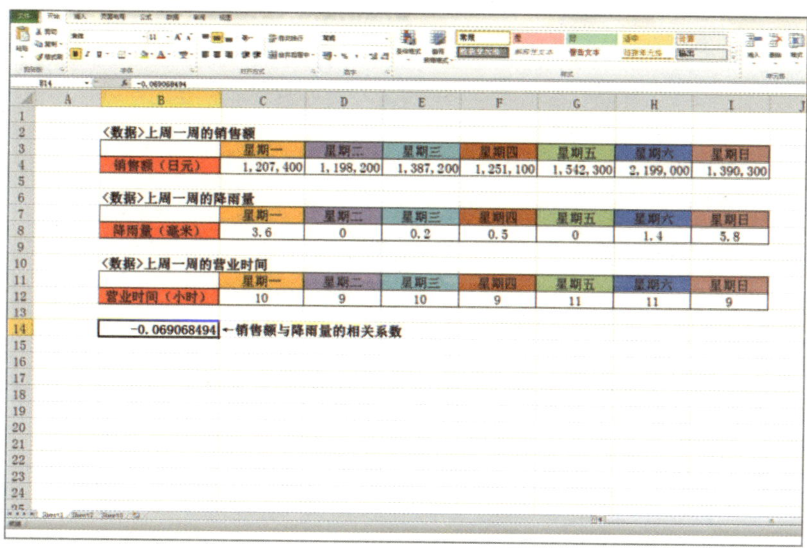

〈数据〉上周一周的销售额

	星期一	星期二	星期三	星期四	星期五	星期六	星期日
销售额（日元）	1,207,400	1,198,200	1,387,200	1,251,100	1,542,300	2,199,000	1,390,300

〈数据〉上周一周的降雨量

	星期一	星期二	星期三	星期四	星期五	星期六	星期日
降雨量（毫米）	3.6	0	0.2	0.5	0	1.4	5.8

〈数据〉上周一周的营业时间

	星期一	星期二	星期三	星期四	星期五	星期六	星期日
营业时间（小时）	10	9	10	9	11	11	9

-0.069068494 ←销售额与降雨量的相关系数

图30-3 求销售额与营业时间之间的相关系数

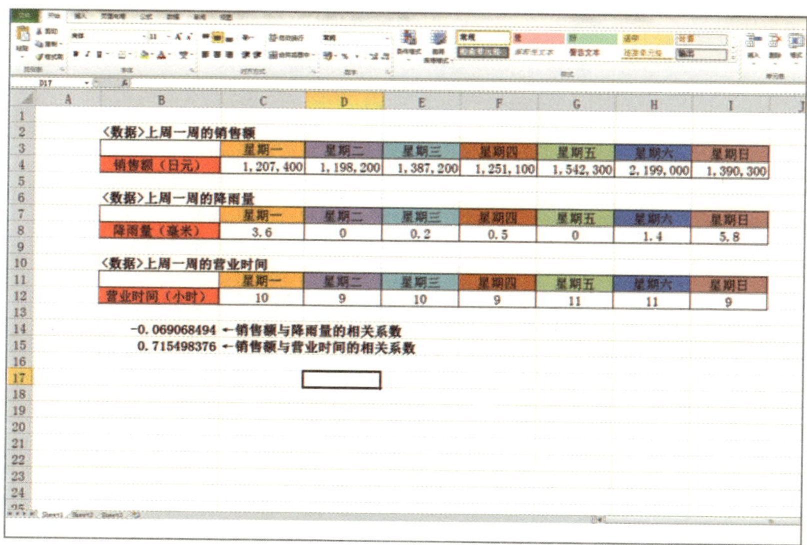

〈数据〉上周一周的销售额

	星期一	星期二	星期三	星期四	星期五	星期六	星期日
销售额（日元）	1,207,400	1,198,200	1,387,200	1,251,100	1,542,300	2,199,000	1,390,300

〈数据〉上周一周的降雨量

	星期一	星期二	星期三	星期四	星期五	星期六	星期日
降雨量（毫米）	3.6	0	0.2	0.5	0	1.4	5.8

〈数据〉上周一周的营业时间

	星期一	星期二	星期三	星期四	星期五	星期六	星期日
营业时间（小时）	10	9	10	9	11	11	9

-0.069068494 ←销售额与降雨量的相关系数
0.715498376 ←销售额与营业时间的相关系数

我们来分析一下计算结果。

销售额与降雨量之间的相关系数≈－0.069

销售额与营业时间之间的相关系数≈0.715

下面才进入正题，我们该如何解释这个结果呢?

相关系数越接近0，相关性越弱

相关系数越接近＋1（或者－1），相关性越强

相关系数如果为正的话 ⇒ 一方（自变量）增加的话，另一方（因变量）也增加（正相关）

相关系数如果为负的话 ⇒ 一方（自变量）增加的话，另一方（因变量）减少（负相关）

那么，关于这个问题，我们可以得出如下结论：

- **销售额与天气情况（降雨量）呈负相关，但相关性极弱；**
- **销售额与营业时间呈正相关，而且相关性很强。**

这样一来，不同数据之间的关系，通过“量化”实现了“可视化”。

根据这个结果，我们可以抛弃“今天下雨，恐怕销售额不会太高”的主观臆测。在恶劣天气下还来店里购物的顾客，自然可以说是“高质量顾客”，为了他们，我们应该考虑延长营业时间。问题的关键就在于，营业时间与销售额呈正相关关系。此外，根据相关系数，我们还能知道，在分析销售额的时候，关于天气情况的数据是用不着的。

对商务人士来说，除了极少数的情况，大多数时候根本不需要难懂的数学理论和复杂的分析。只要掌握方法，有时只需要5分钟来分析，就可以看清前面的路应该怎么走。

本来，在说明具体的方法前，我都会为大家讲解其背景理论。我想，关于相关系数，大家肯定存有不少疑问吧。比如，为什么相关系数的值在－1到＋1之间？通过怎样的计算才能得到相关系数的值？如此等等。不过，这本书说到底是“实用之书”，为了方便大家应用而写的，所以我省去了相对复杂的理论说明。实际上，相关系数是数学中统计学领域的知识，多少有点复杂。有兴趣的朋友可以找到统计学的入门读物研究一下，到时你就可以理解现在我给你介绍的这个方法的原理了。

31 做个毫不犹豫做决定的上司

使用概率求出“期望值”

在第三章的最后，我给大家讲过，学会使用商务数学的话，就不会在工作中“失去方向”。在这一小节中，我将为大家介绍一些具体的实战案例。首先，在工作中我们为什么会感到“迷茫”呢？简单地说，是没有“比较指标”造成的。举例来说，有两种商品，A商品1,000日元，B商品1,100日元，但在功能和质量上二者基本上没有差别，那么你肯定会毫不犹豫地选择A商品。因为这个时候，商品价格是明确的比较指标。由此可见，为了在做决定的时候不迷茫，我们只要找到或者制造出比较指标就可以了。那么，具体该怎么做呢？答案如下：

使用概率，求出“期望值”。

“期望值？这是什么东西？”如果你问出这个问题，说明你太健忘了。在第二章中，我们讲过的。不过，期望值是一个非常重要的概念，所以在此我要重申一下它的定义。将一个事件发生的概率设定为P，事件结果带来的损益设定为Q，这时，我们可以期望获得的利益（或者损失）就可以用P×Q的算式来表示。这个算式计算出来的数值就是期望值。我的说明是不是有点抽象？那么下面我们就通过具体的例子来讲解。

问题?

我们来玩一个游戏，我抛一枚硬币，如果出现正面，我给你500日元，如果出现反面，你给我300日元。如果只玩一次这个游戏，你的期望值是多少?

硬币出现正面的概率 = $\frac{1}{2}$

硬币出现反面的概率 = $\frac{1}{2}$

那么，我们可以通过下列计算求得期望值。

（出现正面时的损益额 × 出现正面的概率）+（出现反面时的损益额 × 出现反面的概率）

$= 500 \times \frac{1}{2} + (-300) \times \frac{1}{2} = 250 - 150 = 100$

通过数学计算，再进行合理的思考，你会发现玩一次这个游戏，你的期望值是100日元。

你也许会做出“反正不是负数，玩一次又何妨”或者“期望值只有100日元，太少了，还是算了”的判断。总之，你有选择的权力。

那么，关于期望值的思考方法，在商务工作中有什么作用呢？又该如何将其应用到商务工作中呢？接下来，我们就一边复习之前学过的知识，一边探讨期望值在实际工作中的应用。

在下面这道问题中，我请读者朋友当一次领导，假设现在你是某企业的营业部长。

问题?

你所在的公司的销售额，近年来连年下降，这样下去可不行。于是，作为营业部长的你开始研究改善现状的对策。你的选项有两个：

选项①：明年开发新商品A，将其投入现有市场X中！

选项②：明年将现有的商品B，投入新市场Y中！

不管是什么样的生意，都可能面临类似的选择。作为营业部长，你会怎样决定呢？给你一点提示，可以使用前面讲过的“期望值”。

如果我是营业部长的话，我会做如下思考。首先，商品能否畅销，会受到市场状况的左右。所谓市场状况，简单地说就是“景气”与“不景气”，可以用概率来表示。其次，在特定的市场状况下，将会带来多少损益，我们得用具体的数字来表示损益情况。通过与同事讨论和预测，我进行了如下表所示的设定。

		景气	不景气
市场X	概率（%）	50	50
	预测损益（亿日元）	10	4
市场Y	概率（%）	60	40
	预测损益（亿日元）	15	-3

下面就该数学登场了。选项①的期望值，也就是在采取这个战略时，可以期待获得的损益是多少。

10×0.5＋4×0.5＝5＋2＝7亿日元

另外，选项②的期望值，也就是在采取第二个战略时，可以期待获得的损益是多少。

15×0.6＋（－3）×0.4＝9－1.2＝7.8亿日元

根据上面的计算结果，比较一下两个选项的期望值，我们可以判断出选

项②更合理。

在平时，我们经常会预测销售额或估算利润值，然后对数值进行比较以便做决定，而且在实际工作中也频繁地使用这种方法。然而，实际上这种做法是有缺陷的，那就是事件可能发生的概率。如果再加上用数字表示出来的概率，这种判断方法就接近完美了。

将所有项目都数字化，然后通过计算，就可以制造出有助于我们做决定的“比较指标”了，这样一来我们再也不用“迷茫”了。

在刚才介绍的案例中，现实中有很多营业部长会把目光聚焦在选项②中那个－3亿日元的损失上，然后根据直觉选择选项①。由这种现象我们也可以看出，负数具有多么大的魔力。但是，第二章中我们也讲过，不要被单独的数字所迷惑。要有纵观全局的能力，把整个选项用一个数字替代，然后再进行比较。这才是商务人士应该具有的数学视角。

顺便说一句，我在研讨会、研修班给在场的朋友讲这个案例的时候，听到了如下疑问：

我们没有足够的数据，如何计算概率呢?

确实如此，这是一个最基本的问题。不过，这里所用的概率，粗算一个结果就可以了。说得极端一点，根本不用计算，“我感觉是这个概率”，就用这个概率也没关系。

我这么一说，现场的朋友都有点摸不着头脑。但确实如此，一个粗算的概率就足够了。为什么这么说？因为花时间讨论概率的精确度，其实也是在浪费时间。所谓概率，说到底是将一个事件发生的可能性加以数字化的结果。

发生的概率再高，也有不发生的可能性；

发生的概率再低，也可能会发生。

这就是事实。仔细想一下你就会发现这是理所当然的事情。一个骰子有6面，其中1点出现的概率为1／6，那么掷6次骰子就一定会出现1次1点吗？我们绝对不能确定。虽然概率是1／6，但没有任何人能保证一定会在6次之中出现1次。换句话说，把注意力放在概率的精确度上是没有意义的。即使暂定一个概率也没关系，只要将发生的可能性数值化就可以了。在这里，重要的是掌握合理选择的“思维方式”。如果你在工作中遇到了不知所措的情况，请试着计算一下期望值。期望值结果一出来，保证让你有“柳暗花明又一村”的感觉。

32 如果感到迷茫的话，试着否定这个结论看看

“反证法”在商务工作中的应用

学习了商务数学之后，你的工作就告别了“迷茫”。通过将期望值数值化，就可以做出合理的选择，这是不让工作失去方向的方法之一。在这一小节中，我们将从另外一个角度寻找克服“迷茫”的方法。首先，不好意思，请你暂时穿越到小学时代，我们一起来做一道算术题。

1÷0没有答案。请证明这个命题是正确的。

“要让我证明的话……当初老师就告诉我们1÷0没有答案，没教我们怎么证明啊。”这样的回答恐怕最多，也最老实。确实，“1÷0没有答案”这个命题是正确的，但被问及怎么证明的时候，很多人就答不上来了。其实，除了这个命题，在平时很多我们觉得理所当然的事情，一旦让我们证明其正确性的时候，我们往往难以马上做出回答。此时，有一种威力非凡的思考方法可以派上用场，那就是“反证法”。具体的思考过程如下：

首先，假设1÷0的答案存在，并将答案用字母A表示。这样的话，就会出现如下的等式：

$$1\div 0=A \Rightarrow 1=A\times 0 \Rightarrow 1=0$$

嗯？竟然得出了如此奇怪的结果。1 = 0？不可能啊！这是一个前后矛盾的结果。为什么会得出这样的结果呢？对了，因为最初我们假设1 ÷ 0是有答案的。因为出现了违反常理的结果，所以我们可以得出结论：1 ÷ 0没有答案。

怎么样？这个证明过程是不是很严密而且富有逻辑性？也许你已经注意到了，其实在第一章中，我已经以“假设再推理”的形式给你介绍过了。通过假设得出违反常理的结果，便可以证明事实真相，这就是所谓的反证法。在学生时代的数学证明题中，我们曾经频繁地使用过反证法，但为什么很多人长大之后开始工作就忘记了这种方法呢？也许有人担心，理论性如此强的反证法，在实际工作中到底能发挥多大的作用呢？这个请放心！下面这个例子，就能让你看到反证法的威力。

问题？

假设你是一家中小企业的总经理，但非常遗憾的是，贵公司近年来的业绩不断恶化。你拼命想让公司生存下去，为此，今年你想降低所有员工的工资。不过，对于这个想法，你也有些犹豫。而且，也有一些中高级管理人员提出了反对意见。这个时候，你该怎么办呢？

这个时候，你一定想找到“实施这一想法的理由”。如果置换成前面1 ÷ 0的问题，就是找到“不存在答案的理由”。但是，你陈述了好几个“实施的理由”之后，都遭到了反驳，最终还是难以说服别人。为什么会发生这种事情呢？因为你所陈述的是“实施的理由”，并没有办法否定别人的反对意见。此时，你可以尝试使用“反证法”。

假设不实施的话（先否定结论）

⇒ 人工费用不会降低，销售额又继续下降（然后会怎样）

⇒ 经营进一步恶化（结果会怎样）

⇒ 公司无法生存下去（哦，这和大家的初衷产生了矛盾）

⇒ 那可就麻烦了（因为这个矛盾否定了结论）

⇒ 所以，“不实施”的选择是错误的（否定了反对意见）

怎么样？这样一来就可以否定反对意见——“不实施降低工资的措施”了。通过使用反证法，不仅可以让对方心服口服，还可以让自己摆脱迷茫，从容地做出决策。这次，为了便于大家理解，我只举了一个非常简单的例子，在实际工作的所有情况下，这种思维方式都可以应用。你所在的职场中，有没有同事或前辈常用如下的方式说话呢？

嗯，假设是○○的，那么会带来什么结果呢？

一听这话，感觉就是出自“有能力的商务人士”之口。这不就是反证法的思考方式吗？没错！从现在开始，请你在自己身边找到经常用这种方式说话的人。留心观察一下，他（她）肯定是一个头脑灵活、办事效率高且工作能力强的人。以后多留心他（她）的发言，并从中学习他（她）思考问题的方式。其实，很多情况下，他们是下意识地在使用反证法，因为他们已经习惯了反证法的思维方式。

33 不造成损失的“减法”与“除法”

如何把握“分界点”相当重要

在第二章中，我给朋友们讲过，不了解“分界点”的话，就会让工作蒙受损失。本小节将进一步探讨如何在工作中防止损失，具体来讲就是“灵活应用减法和除法，防止蒙受损失的思维方式”。关于把握分界点的重要性，之前已经讲过，这里就不再赘述。这一小节的重点不是“把握”，而是把握的“方法”。

首先，请你比较一下下列两种表述的优劣。

A：**你10年后的储蓄金额，要比现在增加500万日元。**

B：**你的储蓄金额，从现在开始每年要增加50万日元。**

从结论上来说，10年后你的储蓄金额都会增加500万日元，A和B没有任何差别。不过，这两种表述所表达的事实深度却不太一样。大家可能都感觉到了，B的表述更加详细，更有助于我们了解事实情况。当然，在商务工作中，与A表述相比，也是B表述更好，可以说B表述才是“可用”的信息。那么，B表述的这种思维方式，对实际工作到底有什么用处呢?

问题?

某网店运营公司，需要在店铺网页中放入商品照片。于是，该公司准备把制作商品照片的工作委托给M公司，M公司的报价是制作一张照

片收费1,000日元。就在这时，出现了制作照片的N公司，N公司的报价是每月收取固定费用15,000日元，然后制作一张照片收取400日元。如果你是网店运营公司的负责人，你会把制作商品照片的工作交给哪家公司来做呢？

我想，大多数朋友会用下列方法求出分界点，然后据此做决定。

设网店运营公司平均每月需要制作商品照片x张，于是，M、N两家公司的收费分别是：

M：$1,000 \times x = 1,000x$

N：$15,000 + 400 \times x = 15,000 + 400x$

当两家公司的收费相同时，x正好处于分界点（交点），因此可以用方程式求出分界点（交点）的值。

$1,000x = 15,000 + 400x$

$600x = 15,000$

$x = 25$

结论

也就是说，衡量损益的分界点，是平均每月制作25张商品照片。

这个结果怎么来解读呢？还能告诉我们什么吗？没有了。如果大家是小学生的话，那么计算出这样的结果，就可以得100分了。但是，我们都是在职场中工作的商务人士，要是只能得出这样的结果，恐怕难以得到满分。为什么呢？理由请你往下看。

“那么，假设一个月制作23张商品照片，公司会产生多少损失（或收益）呢？”被问到这个问题时，恐怕很多朋友就得慌忙地重新展开计算。

如果你能张口说出答案，你就合格了。但若不能马上做出回答，我不得不非常遗憾地告诉你，在这个问题上你没有及格。这个时候，我想提醒你注意一下开头我所说的“储蓄”问题中A与B的差异。

我们回顾一下“储蓄”问题，表述A与B的区别，不在于最后的结论上，因为两者在结论上一致。不过，B将每一年会增加的储蓄金额50万日元都详细地表述出来，而A只给出一个结果，这就是两者最大的差别。前面解题时，使用方程式的话，只得到一个结果。这和“储蓄”问题中的A表述别无二致。换句话说，方程式就是一种机械的计算，而且结论也只停留在计算出的数字结果上。

那么，我们作为商务人士应该怎样思考才是正确的呢？

首先，如果一张商品照片也不做，那么M公司和N公司的差额就是15,000日元。

其次，制作一张商品照片的单价之差为 1,000－400＝600日元。

也就是说，

虽然一开始两家公司的费用存在15,000日元的差额，但每做一张商品照片，这个差额就会减少600日元。

· 做2张照片的话，就减少1,200日元；

· 做3张照片的话，就减少1,800日元；

· 做20张照片的话，就减少12,000日元；

……

分界点，可以通过下列方法进行计算：

15,000÷600＝25

结论

衡量损益的分界点，是平均每月制作25张商品照片。

具体的损益金额为：1张照片600日元。

举例来说，如果将制作商品照片的工作委托给N公司，如果一个月请对方制作了23张商品照片，就比委托M公司损失了1200日元；如果一个月请N公司制作了40张商品照片的话，就比委托M公司节省了9,000日元（见图33–1）。

图33–1　通过商务工作的视角把握分界点

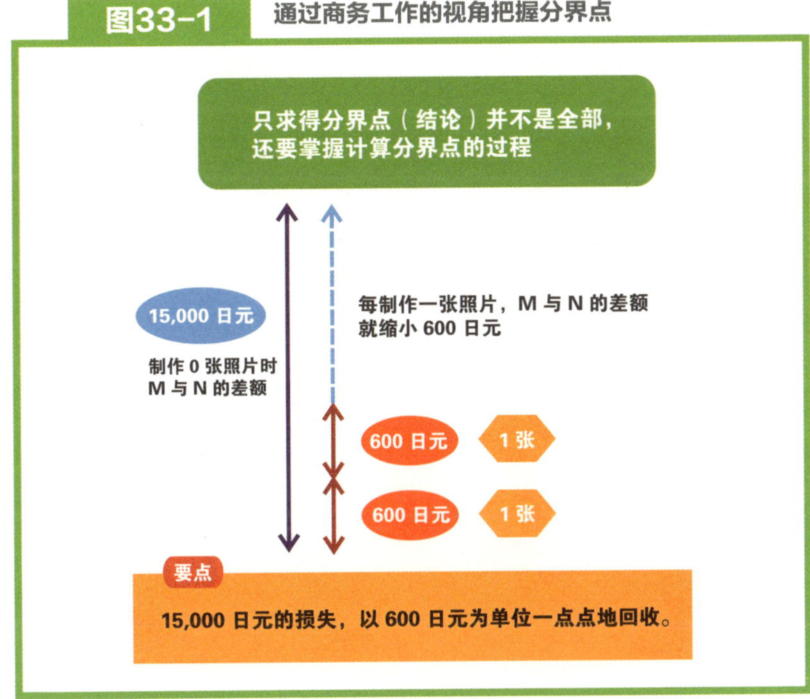

“什么？两种方法中的计算都是一样的呀，有什么不同吗？”也许你会这样想。确实，上述两种方法到最后都是用15,000除以600，来得到分界点的数值。不同的是，虽然用方程式这种机械式的计算确实能够求出分界点的数值，但是在使用方程式进行计算的过程中，我们对事件的具体情况了解得非常浅，就相当于前面“储蓄”问题中的A表述。

另外，第二种思考方法，首先会判断最初的损失有多少，然后再思考通过怎样的过程一点一点弥补这个损失。也就是先用减法再用除法来计算的这种思考方法，不仅可以得出分界点，还能让我们更加具体地想象出分界点之前以及之后的情况。这种方法相当于前面“储蓄”问题中的B表述。

用哪一种方法得到的结果才是商务工作中的“可用情报”，我想已经不言而喻了吧。后面一种思考方法，不仅更容易帮助我们做出选择，还能对事情的过程进行具体的把握。

实际上，如果让还没有学过方程式的小学生来做这道题的话，他们使用的方法和我介绍的第二种方法肯定一样。由此可见，对数字的思考方法和处理方法的本质，其实存在于第二种计算方法中。

我们在学校接受数学教育时，只要能用方程式求出分界点（交点）的数值，就能得100分。现在回想起来，那真是一种既机械又无聊的作业。现在，在商务工作中，采用方程式的方法就显示出了明显的不足。就像我在第三章中讲的那样，商务数学的作用不是“解题”，而是“使用”。

34 开发新客户的成本该如何确定

市场调查和比例的关系

这一小节中，我们来谈谈市场调查的话题。不过，其中并不会涉及多么复杂的内容，我以任何公司都可能面临的问题为主题给大家进行讲解。即使你的工作跟市场调查无关，也请认真读完这一小节，因为其中的思考方法值得任何商务人士借鉴。这一小节的主题是：

贵公司开发一名新客户的成本，应该如何确定？

“这个……我们确实讨论过，可最后很难下一个定论。”

“实际上，我不太清楚该如何确定这个成本。”

“该确定为多少才合适呢？”

在研讨会或研修班上，当我提出上述问题时，很多人露出了不知所措的表情，给出了无可奈何的回答，对此我感到十分吃惊。我又试着提出了更进一步的问题。

“再有，你们计划让新客户每年从贵公司购买几次商品？”结果，我听到的回答大多是：

“这个，其实我还没有认真想过这个问题。”

说句实话，如果没有做出这个计划，再怎么讨论开发新客户的成本，都是无稽之谈，而且肯定得不到合理的答案。所以，我提醒你最好先做个计划。在做计划的过程中，我们一起思考一下下面这个问题。

问题?

有一家购物网站，平均每位顾客单次购物的金额为3,500日元。该网站制订计划时，预计每位新顾客每年会在此网站购物3次。商品的成本率为50%。在这种情况下，开发一位新顾客花费多少成本合适呢?

在实际的商务工作中，可能还有销售管理费等其他很多费用，并不像我们例题中那么简单，但这里主要以帮助大家理解为目的，所以我简化了一些要素，大家只需在毛利润的基础上思考即可。

首先，市场营销的成本大体上可以分为两大部分：一是开发新客户的成本，二是维护现有客户的成本。另外，关于这两个部分的成本，业界有一个非常出名的比例，也许有些朋友听说过，那就是：

开发新客户的成本：维护现有客户的成本＝5：1

当然，这只是一般情况，还有很多例外。但是，既然已经有了这样现成的标准，我们为何不加以利用呢？希望你还记得我在第四章中告诉大家的，对于我们商务人士来说，不是为了求“比”，而是使用“比”。

使用这个比例，我们可以按照如下方法计算出费用。首先，把开发一位新顾客的成本设定为“5”。如果新顾客又来购物，那就成为老顾客、回头客，那么让老顾客再来购物的成本就是“维护现有顾客的成本”。他们每购物1次，这个成本就是“1”。也就是说，1位新顾客1年购物3次的话，那么购物网站花在这位顾客身上的成本就是“7”。

新开发的顾客	5
＋第二次购物	1
＋第三次购物	1
	7

单次购物的平均金额为3,500日元的话，

购物金额合计为 3,500 × 3＝10,500日元

商品的成本率为50%，所以毛利润是5,250日元。

由此可见，为了让新顾客发生第一次购物，购物网站所花的成本不应高于：

$$5{,}250 \times \frac{5}{7} = 3{,}750\text{日元}$$

也就是说，如果开发一位新顾客的成本高于3,750日元，那么这位顾客一年之内利用这家网站购物不超过3次的话，就不会给这家网站带来毛利润。虽然“开发新客户的成本：维护现有客户的成本＝5：1”只是一个粗略的尺度（比例），但使用它至少能让我们找到一个判断的标准。

“这样的数字离现实太遥远了，没有意义！”肯定有人会如此深究。确实，这样计算出来的数字，在精确度方面肯定不尽如人意。但是，我想再一次向你表达的是：如果事先没有一个计划的话，那么像这样的估算也无法进行。如果你在自己的工作中连计划都没有做，却提出了上述疑问，说实话，这是没有意义的。

举例来说，假设你有一个计划，预计1位顾客在5年内至少会购买贵公司的商品3次，那么，你就可以按照前面的方法进行计算了。做出一项决策前，大家只要设定了适当的时间区间和次数，就可以计算出一个粗略的标准，并据此做出判断。

请将你计算出来的金额与实际发生的开发新顾客的成本（根据工作中积累的数据，一定能计算出实际数字）进行比较。实际上，经过比较，只要发现不会出现“损失”，就可以实施计划。这就是不让工作蒙受损失的又一个数学案例。

35 那么不着边际的预测值不值得相信

使用数学，制造出根据

这一小节中我们要讲的主题是“说服”。我先问你一个问题：“想要说服上司，最需要的是什么？”这样问也许不容易激发你的想象力，那我换一种问法：“以前，在你说服上司失败的例子中，你觉得自己哪里做得还不够好？”这样问你可能就有点头绪了吧。此时，肯定有一个词已经出现在了你的脑海中，没错，那就是“根据”。特别是对未来做出预测的时候，用没有根据的数字说事，是不会被认可的。接下来，我就用一个实例来让你感受一下根据的重要性。

问题？

A公司是一家快速发展中的风险企业，过去几年的销售额持续增长，而且与前一年相比的增长率分别是5%、10%、15%、20%。根据这个情况，预计今年的销售额会比去年增长多少呢？

按照这个增长趋势的话，今年的销售额应该比去年增长25%吧！这样想的朋友，非常遗憾，我只能给你0分。为什么呢？因为我们看到以前持续的增长，就会在头脑中先入为主地认为今后还会更加快速地增长。举例来说，给你一组数字1、2、4、8，那么你认为接下来的数字会是几？多数人认为是16吧？如果放在学校的数学课上，16是正确答案。但如果以商务工作的视角来判断的话，只能给0分。实际上，仔细想一下你就能明白，得0

分是理所当然的事情。我们来看一个例子。

我（女性）之前交往的男朋友中，总是一个比一个收入高。所以，我下一个男朋友一定比前一个收入更高！

我已经想象到很多读者朋友的脸上露出了苦笑的表情。对于那位女性的“恋爱宣言”，我们完全可以回应一句：“那可不一定吧！”再回到风险企业A公司的话题上，其实也是同样的道理。因为销售额已经连续四年增长，所以今年一定也会增长，这样的结果太过一厢情愿了。如果我追问一句：“为什么？”对方恐怕没有任何根据可以给我解释（虽然实际结果也可能出现25%以上的增长）。

那么，对于这样的问题，我们应该如何正确思考呢？首先，我们有必要弄清楚事情的原理和结构。假设A公司五年前的销售额为“1”，那么，我们通过下一页的图35-1的计算方法便可以预测出今年的销售额。

也就是说，四年来，销售额总计增长了59.39%。接下来，我们算算这四年来平均每年的增长率是多少。我们假设这个平均增长率为x，它连续出现了四年，那么，

$$
\begin{aligned}
1\times 1.05\times 1.10\times 1.15\times 1.20 &= 1.5939\\
&= 1\times x\times x\times x\times x\\
&= 1\times x^4
\end{aligned}
$$

即$x^4=1.5939$，只要求出x的数值即可。不过，看着这个4次方程式，我们就失去了解题的兴趣。别忘了，我们可以借助其他方法呀。求x的值，常用的方法有两种。

① **使用Excel软件中的函数**

在Excel软件中，可以使用开放函数“POWER”。具体方法是先在“插入函数”中选择“POWER”，然后在“函数参数”的“Number”项

图35-1　我们用比例的形式来分析一下增长率

四年间销售额共计增长了59.39%！

五年前的销售额：1
四年前的销售额：1×1.05＝1.05
三年前的销售额：1.05×1.10＝1.155
两年前的销售额：1.155×1.15＝1.32825
一年前的销售额：1.32825×1.20＝1.5939

1×1.05×1.10×1.15×1.20＝1.5939

那么，这四年间，
每年相比前一年的增长率的平均值是多少呢？

$$1.5939 = 1 \times x \times x \times x \times x = 1 \times x^4$$

中填入1.5939，在“Power”项中填入1／4即可出现结果。

② 使用电子计算器进行计算

在电子计算器中输入1.5939，然后连续按两下“sqrt”键即可得到结果。

不管使用上述哪种方法，计算出来的结果都是一样的，数值如下：

约等于1.124

也就是说，如果计算出了过去四年中每年的平均增长率，我们就可以合理地预测出今年的销售额可能比去年增长12.4%。这一预测结果，和之前毫无根据预测出的25%存在很大出入。

而且，在实际工作中，没有根据的主观猜测与精心计算的结果，也会存在巨大的差距。

NG

你： **“我预测今年的销售额能比去年增长25%吧。理由是这几年来每年的销售额都比前一年增长5%。”**

上司： **“以往每年都提高5%，今年也提高5%？为什么？”**

你： **“这个……因为现在我们的发展状态良好。”**

上司： **“今年的销售额就没有突然下降的可能性吗？没有根据就乱预测，太不着边际了！”**

你： **……**

GOOD

你：“我预测，今年的销售额可能比去年增长12.4%。理由是，我用五年来的每一年的增长率求出了一个平均增长率，根据平均增长率我估计今年会比去年增长12.4%。而且，我们具备了比去年增长12.4%的实力。”

上司：“原来如此，根据五年来的数字计算出的平均值，看起来可信度比较高。那么，根据这个增长估算，我们今年能实现原定目标吗？”

你：“不能。从我估算的增长率来看，我们无法实现原定目标。所以现在有必要考虑新的对策。”

上司：“那我们就早做准备。你有具体的提案吗？”

这个时候，最重要的不是追求预测的精确度。实际上，上面例题中求得的12.4%的预计增长率说到底也只不过是通过合理计算得到的预测值而已。不过，以这个有根据的预测值为前提展开对话，将会是一场积极的对话，能够帮助我们找出为了实现公司预定目标而存在的不足。

预测就是预测。就像天气预报一样，也有不准确的时候。但是，预测绝对不能没有“根据”。而且，这个“根据”不能是感觉、直觉之类的东西，必须通过合理的方法求得。因为感觉、直觉是没有任何说服力的。第三章中讲过，善于使用商务数学的人，说服别人的能力更强。这里只是说服别人的例子之一。

顺便说一下，这次介绍了两种$x^n=○$，求x的方法，其中使用Excel软件的时候，1／4可以换成1／n，也就是说开n次方，所以适合所有情况的开方计算。

但是，使用电子计算器就存在一定的局限了。n的值只能是2、4、8、16……即2的乘方。是2的几次方，就按几次“sqrt”键。

这本书的主题是教你在商务工作中如何使用数学，是一本以“实用”为主的书，因此关于理论的详细讲解就省略了。如果你想进一步了解其背后的相关理论知识的话，可以找相关书籍或上网搜索，然后再仔细研读。

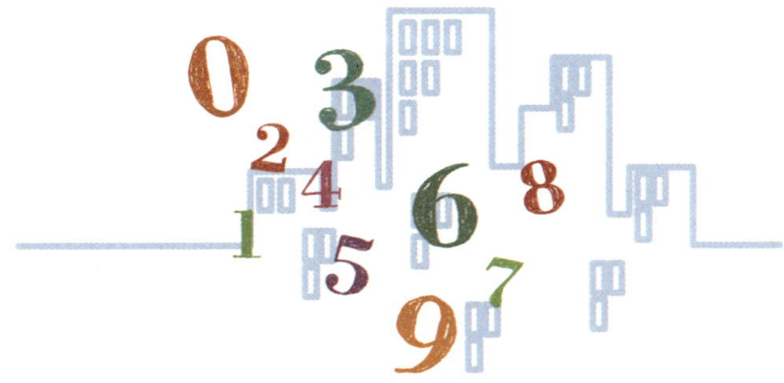

36 5分钟说服上司的PPT展示法

优秀的PPT有两个共同的特点

在商务工作中，一提到说服别人，你的头脑中可能会联想到“用PPT进行展示讲解”的方法。不过一提到“用PPT进行展示讲解”，大多数朋友想到的是制作非常精美的PPT展示文件，然后在一个巨大的演讲厅中，面对无数听众进行展示讲解，当展示结束之后，听众席上爆发出雷鸣般的掌声，照相机的闪光灯将整个会场变成了一片银色的海洋……你会不会这样想象？不过，现在我要给你介绍的展示法，并不是你想象的那样。

在企业中工作的各位朋友，与那种大场面相比，在工作时间里向上司或同事说明一项提案或做报告的场合可能要多得多，时间也就在5到10分钟之间，所以我们所需要的、真正的PPT展示能力，就在这短短的5分钟左右。

在短时间内，高效率说服对方的能力

那么，要做到这一点需要什么呢？需要的是使用数字和图表传达信息的表达能力。平时，我们在工作中也经常使用图表，而且认识和使用图表是理所当然要掌握的能力。不过，你确定你的使用方法完全正确吗？

下一页的图36-1的几种图表使用方法就是错误的例子。请仔细看一下，你能发现其中错误的地方吗？

我们一起来研究一下下述图表使用方法中的错误或不妥之处。

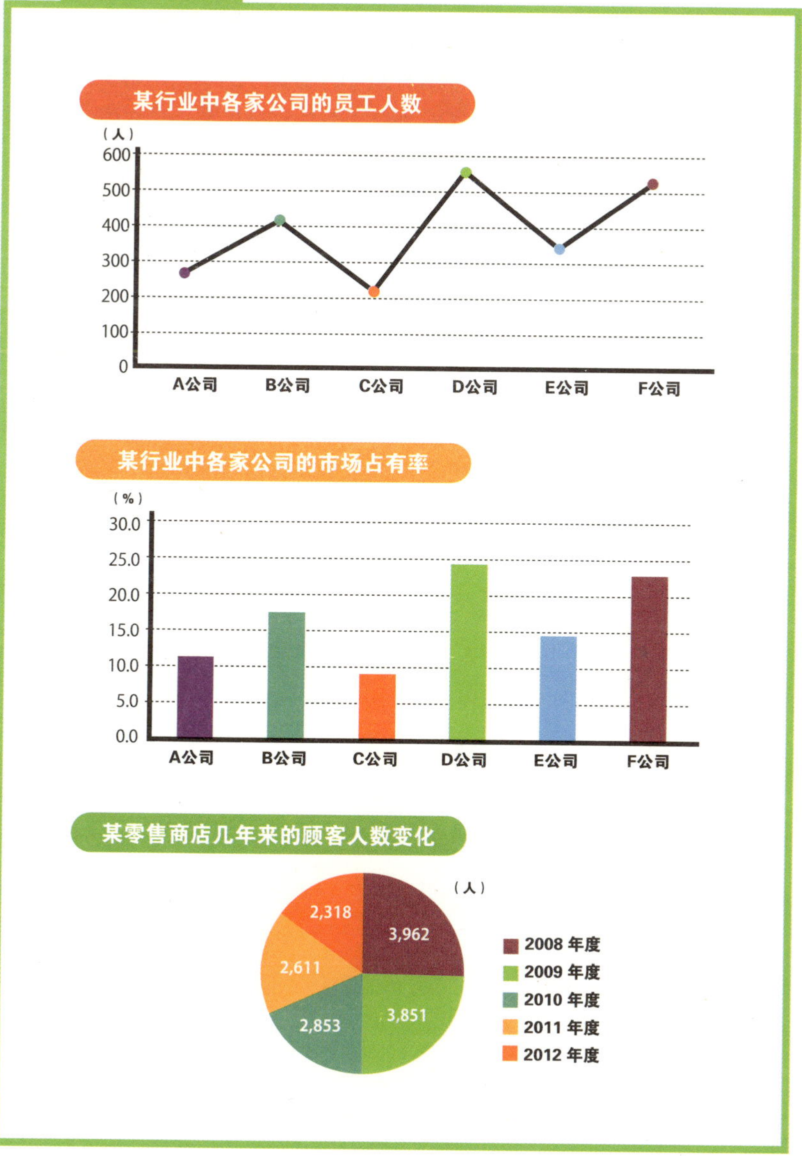
图36-1
使用图表的错误方法
某行业中各家公司的员工人数
（人）
600
500
400
300
200
100
0
A公司
B公司
C公司
D公司
E公司
F公司
某行业中各家公司的市场占有率
（%）
30.0
25.0
20.0
15.0
10.0
5.0
0.0
A公司
B公司
C公司
D公司
E公司
F公司
某零售商店几年来的顾客人数变化
（人）
2,318
3,962
2,611
2,853
3,851
2008 年度
2009 年度
2010 年度
2011 年度
2012 年度

首先，员工人数那个图表，原则上讲，折线图表一般用于表现同一主题的变化。比较不同企业的员工人数时，不适合用折线图表。

其次，表示各家公司市场占有率的柱状图表。一般来说，柱状图主要用于实际数字的比较，像这种比例的比较，不应该用柱状图。从视觉辨识度的角度考虑，比较比例时，最好使用扇形图表，或者在同一个柱状图中比较多个比例。

最后，表示顾客人数变化的扇形图表。虽然我们能从那个扇形图表中读取每一年度的数字变化，但是不能清晰地看出这组数据想要表达的真正含义。这组数据想要表达的真正含义是该商店的顾客人数每年都在减少。前面我们讲过，表现同一主题的变化时，适合使用折线图表。

虽然这都是一些细枝末节的事情，但容易引起误解，给对方造成混乱。图表使用不当的话，在做展示的时候，还要对听众进行额外的解释。这样一来便增加了展示说明的时间，违反了我们的初衷。所以，我再次强调一下各种基本图表的正确使用方法。

扇形图表：表现比例的时候使用

折线图表：表现同一主题的变化时使用

柱状图表：比较实际数字的时候使用

接下来我们才进入正题。在使用PPT做展示说明方面，我并不是专家，但当我看到苹果公司已故执行总裁史蒂夫·乔布斯的展示说明时，我感到非常震撼。其中令我印象最深刻的是其出众的简洁性。经过深入发掘，我发现两个特点：

- 一个视觉停留点，只传递一个信息；
- 不让多余的信息进入观众视野。

举个例子，看到图36-2中的折线图，你能从中读取哪些信息？

图36-2 **你能从中读取哪些信息**

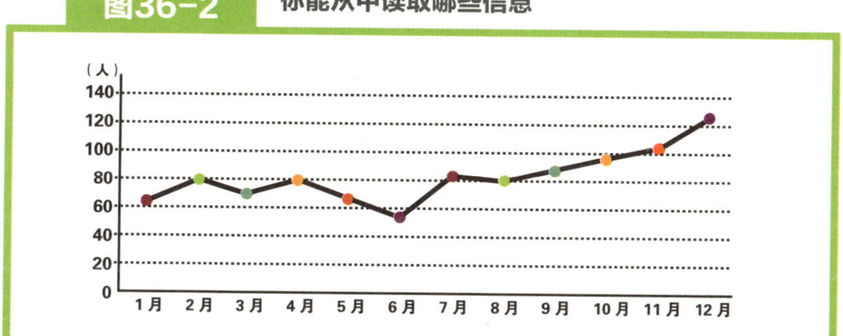

可能有人看到了“上半年的数字上下波动，不是很稳定”，也有人关注的焦点是“从全年来看，6月份的数值最低”，也有人会解读为“从全年来看，整体呈上升趋势”。

确实，根据这样一个图表，我们可以做各种各样的解释。换句话说，就是这个图表同时隐含了好几种信息。假设，我们想传递的信息只有一个，即“6月减少了”，那么应该像图36-3那样制作图表，坚持一个图表只传达一个信息的原则。

图36-3 **一个图表只传达一个信息**

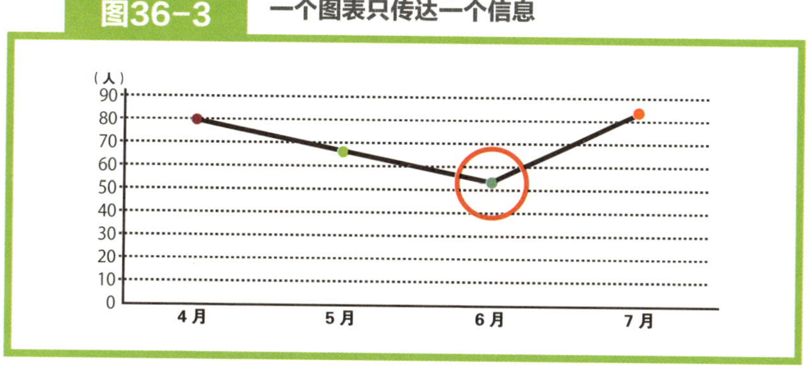

下面，请你使用下表中的数据，用PPT软件制作一个显示“关东地区的居民中，30多岁的女性比例较高”的图表。思考一下，你会制作出一个什么样的图表呢？

（人）

	北海道	东北	关东	中部	近畿	国中·四国	九州·冲绳
10～19岁	30	23	47	39	34	16	28
20～29岁	24	18	68	36	56	41	42
30～39岁	18	44	76	57	70	39	44
40～49岁	57	51	44	45	52	41	61
50～59岁	10	19	27	31	40	27	31
60岁以上	5	13	24	11	18	26	18

首先告诉大家什么是最不可取的图表制作法，那便是图36-4那样的图表。

看了图36-4，你有何感想？是不是有点摸不着头脑，不知道图中到底要传达什么样的信息。而且，图中同时出现了各个地区、各个年龄段的信息，所以容易使观众“无法聚焦”或者“视线转移”。比如，看了这个图表之后，观众会说：“嗯，北海道40多岁的人真多啊！”这就偏离了我们的真正意图，我们的真正意图是关东地区30多岁的女性……出现这种情况意味

图36-4 令人摸不着头脑的图表

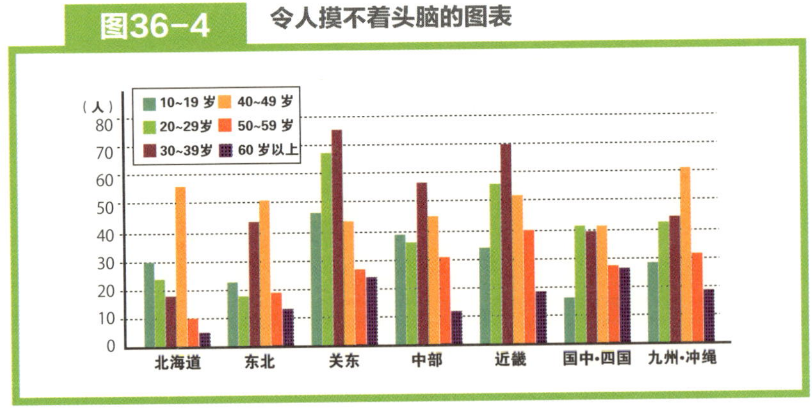

着什么？意味着我们要多说很多话进行解释和说明，展示说明的时间也会随之增加。这样反过来证明了“短时间、高效率的展示说明，才不会让多余的信息进入观众视野”。

我们想要传递的中心信息是“关东地区的居民中，30多岁的女性比例较高”，所以我们只把视线放在关东地区即可。然后计算出各个年龄段的女性的比例，再以扇形图表的形式加以表现，就最清楚不过了。下面这个图表（图36-5），极力地排除了多余的信息，不管谁看到，都会得出一致的解释。

图36-5 任何人都能得出一致解释的图表

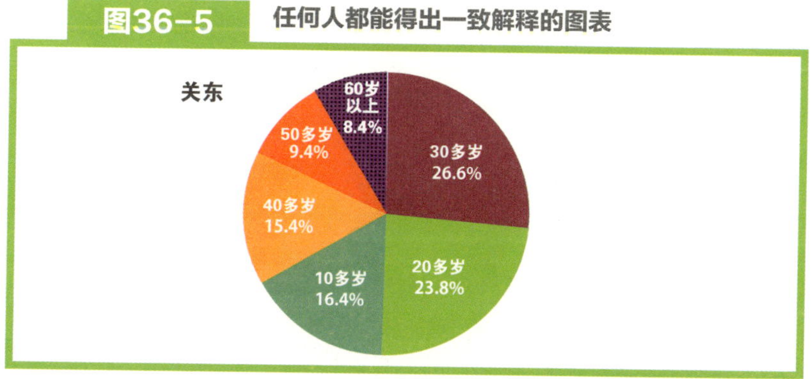

在这一小节中我为你讲述的没有什么新内容，可能朋友们都会觉得：“这些规矩，我早就知道了。”但是，在实际的工作现场，我们会看到各种各样错误的图表。出现这种现象的原因就是，制作图表的人没有把传递信息当作最终目的，而是把制作图表（资料）当成了最终目的。其实，每天我们要花时间去进行说明、报告、说服，对于我们来说这可算不上一件开心的事，可是你想过没有，对于对方来说又何尝不是如此呢？双方都不开心。所以首先，我们要制作尽量不让对方感到混乱的PPT展示文件，不要传递多余的信息，在5分钟之内干净利索地说服对方。这是一名有能力的商务人士必备的能力之一。

37 这个时间表，还能再缩短1天

先“并行”，再采用加法的思维方式

每一位商务人士都很忙。说老实话，我现在的每一天都忙得不得了。而我以前当打工族的时候，就更不用说了。因此，如果有什么技巧能够提高工作效率的话，对于商务人士来说，可是天大的好消息。在第三章中我所讲的“通过商务数学掌握高明的工作方法”的最后，就已经涉及提高工作效率的话题。

大多数朋友在成长的过程中都已经养成“按顺序做事”的习惯。举例来说，在等公交车、地铁的时候，我们都会自觉排队上车。车站的大喇叭也会提醒大家：“不要插队，请按顺序乘车！”也就是说，前面的人没结束，后面的人就不能开始。不知不觉中，严格遵守秩序的思维模式也被我们带到了工作中。但是，现在我要明确告诉大家，在商务工作中，请你尽快抛弃这种思维模式。

下面给你举一个具体的例子。

请参照下一页的图37-1。

对这个日程表，你有什么疑问吗？A君的工作结束后，B君开始工作，B君完成后，C君再开始……这样安排，真的是最短的日程安排吗？假如我是上司的话，一定会问制订日程表的人：

这个日程表，不能再缩短1天吗？

图37-1 某项目的日程表

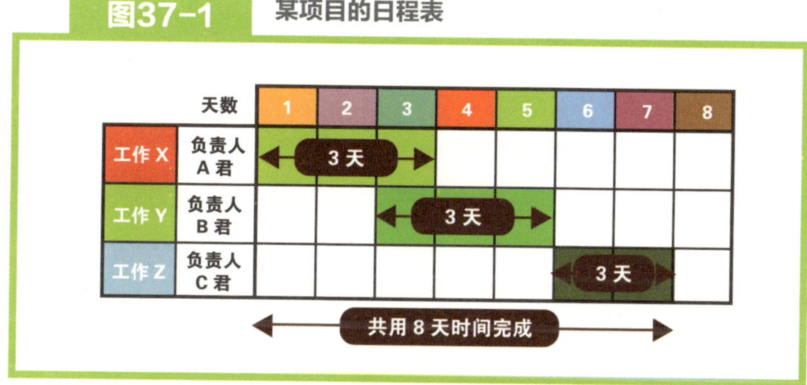

那位制订日程表的部下可能会回答："每一项任务所花的时间已经是最短的了。所以合计起来，8天应该是最短时间。"这可能是大多数人的思维模式。可是，在这里我想提出的问题是：为什么一定要严格按照这样的顺序来安排？难道B君的工作真的一定要等到A君的工作100%完成之后才能开始吗？

如果不是那样，那我们可以让两人的工作在某段时间内"并行"，然后再用加法求出总的时间。

图37-2 某项目的日程表重新制订（1）

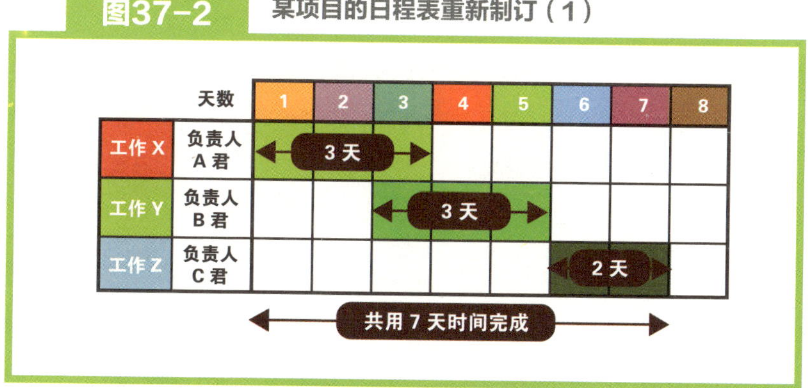

3+3+2=8　　×

3+2+2=7　　√

如果B君的工作确实要等到A君的工作100%完成之后才能开始的话，那我们可以从C君的工作入手进行考虑。有的时候，当A君的工作全部完成后，C君就可以开始部分工作了。那样的话，我们就可以制订如图37-3所示的日程表。

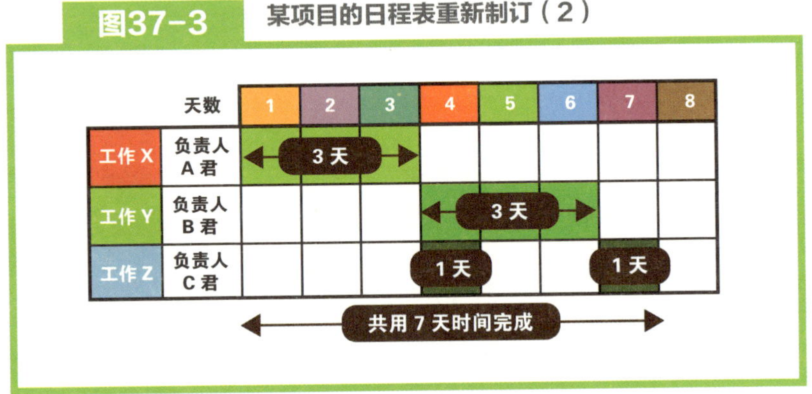

3+3+2=8　　×

3+3+1=7　　√

如图所示，如果一部分工作可以并行的话，日程表就可以缩短。在计算完成项目的整体时间时，人们习惯于将各个小任务的时间简单地相加。但这样得到的总时间，真的是最短的吗？如果其中有些小任务可以并行的话，整体时间就可以缩短。

仔细地想一下，其实将不同工作并行的思维方式也适用于追求效率的业务员的工作。当业务员外出拜会客户的时候，可以安排助手在公司里处理必要的工作（也就是工作的并行）。等业务员回到公司后，就可以马上开展新的工作。反之，如果业务员不懂并行的道理，自己外出拜会客户时，让助手在公司里闲着，等自己回来后再指示助手做准备工作，那这段时间里自己又无事可做了。结果就造成窝工，浪费了宝贵的时间。

最后，向你传达一个重要的思想。

这一小节为你讲述的主题，你可能不以为然，认为这是理所当然的事情，自己在工作中准能做好。可是，放到实际工作中，就不是那么回事了。你没那么容易改变以往遵守顺序的习惯，让不同的工作并行。为什么会这样呢？其实答案就在第一章第二小节的“请试着填空”中。给出数字让我们相加的话，任何人都能得出正确的结果，因为从小到大我们所接受的就是这样的数学教育。3+3+2=8，大家会很自然地认为这就是正确的结果。可是反过来，如果先给出结果（7天时间完成整个工作），再求要用什么样的数字相加得到这个结果，就不是我们擅长的事情了。

□+□+□=7

如果在工作中，能先想着结果，然后再想尽办法去达成这一结果的话，我们就会想出“并行”之类的创意。所以，“填空”的重要性，是不是要引起我们进一步的重视呢?

“时间是挤出来的”，这个观点在很多经营管理、自我启发、成功励志的书籍中都有讲过，其实，这也是数学思维方式的一个具体例子。

38 能给我3分钟吗？只需3分钟

数字的魔力也可以应用到沟通中

所谓数字的魔力，到底是怎样一种神奇的力量呢？当然，数字可以表示数量，可以用来评价事物，这些都不用说了。我认为，终极的答案应该是：

将事物具体化到任何人都不会产生疑问的程度。

在这一小节中，我将为你做一个新的提议，让你知道数字的魔力原来还可以应用在这样的场合。具体来讲，和前一小节一样，是提高工作效率的技巧。一提到提高工作效率的技巧，大家想到的可能是提高自己的计算速度、改变思维方式等与“数学”相关的事情，其实这并不是一切。也许你会感到意外，现在我要从与人沟通的角度入手，讲讲数字魔力的应用。

导致工作进程缓慢的原因之一，就是工作一项一项地堆积，一项延迟，后面的都跟着延迟。但是，根据我个人的经验，很多情况下，一项工作的延迟是由于沟通不畅造成的。所以，为了提高工作效率，我认为首先应该着力改善与别人的沟通，提高沟通效率。

我先把方法告诉大家。当我们希望上司、同事拿出一点时间跟我们进行沟通的时候，如何才能让他们心甘情愿地停下手中的工作，听我们讲述呢？这个时候，就应该使用数字的魔力，即把自己想占用对方多少时间，先用具体的数字告知对方。举个例子可能更容易理解。

不好意思，能占用你3分钟时间吗？

NG

不好意思，能占用你一点时间吗？

当我还是一名打工族的时候，就经常使用上面的第一种方法打断别人的工作，请求对方分一些时间给我（当然，也有不奏效的时候，但大多数时候都能成功）。为什么加上一个具体数字，对方就会出现截然不同的反应呢？

当上司或同事正忙于自己的工作时，我们请求“占用你一点时间”，对方会对这个“一点时间”感到焦虑。“一点时间？到底是多长时间？”他们肯定不好意思当面询问我们，所以心中会产生焦虑。其次，这“一点时间”的停顿，可能会造成他们工作的停滞，甚至前后难以衔接，这种风险也会让他们感到不安。而这时，如果我们能将占用时间的具体数字告诉对方，他们就能准确评估风险，心中有数的话，人就不会感到焦虑不安了。听到我们3分钟的请求，对方可能会想“3分钟的话，在允许的范围之内，姑且听听他要说什么”，然后便会答应我们的请求。如果对方觉得“哎呀，我手头的工作不能停3分钟，1分钟的话倒还可以”，于是会回答我们：“我现在真的很忙，只能给你1分钟时间。”不管时间长短，至少我们得到了与对方沟通的机会。

像这样，首先设定“3分钟”的时限，让对方心中有数之后，对方就容易答应我们的请求了。其实，这个和泡方便面是同样的道理。

本次的事例

能占用你3分钟时间吗？ ⇒ **3分钟之后我就又能继续工作了，就答应**

他吧。

能占用你一点时间吗？ ⇒ 一点时间？到底是多长时间？太麻烦了，拒绝他吧。

加入开水等3分钟 ⇒ 3分钟后就可以吃了，那就泡一碗吧！

加入开水后等一会儿 ⇒ 到底要等多久啊？中途还要不停打开看面是否泡好，好麻烦，不吃了！

3分钟这个数字，就是一个具体的信息，具体到让任何人都不会产生疑问或歧义的地步。在商务工作中，数字的这种魔力可以发挥很大的威力。我讲了这么多，就是希望你能了解数字的魔力，并在工作中积极地利用它。

“一点时间”“一会儿就好”“稍等一下”……

这种模糊的概念，能够刺激人的“焦虑神经”。听到我们如此模糊的请求，对方一定会说：“现在我很忙，如果你还没想好的话，那就10天之后再来吧。”相比如下，如果能用清晰的数字争取到沟通机会的话，无疑能让我们的工作迅速开展起来。

顺便说一句，我曾经用“只需3分钟”这个魔力数字，无数次地争取到与上司或同事的沟通机会，但实际上每次沟通的时间都大大超出了3分钟。因为对方一旦上了我的船，就没那么容易下去了。所以，最重要的是如何让对方上船。

39 数学家所写的书，让人没有阅读的兴趣

我成为“商务数学”指导者的真正理由

在这一章中，我为读者朋友们介绍了在实际工作现场可以使用的数学技巧。可能你已经注意到了，其中没有任何难懂的理论，你也不需要多么强大的数学背景，便可以轻松掌握。而且，都是大家能在工作中用到的数学技巧。不过，并不是光听我这么一讲，你就能顺利地应用了，其实做任何事情都是如此。我们必须：

在工作现场进行实践，
然后从自己的角度加以解释，
有必要的话，还要进行改造、改良，
只有这样，这些知识、技巧才能慢慢地变成你自己的东西。

请你务必从明天开始就将所学的知识投入实践中去！首先，就是在工作现场的实践。

为此，我将本章介绍的内容在此为大家整理一下。掌握商务数学后，能够做到的事情有五项（见图39-1）。本章中，每一项都具体介绍了两种技巧的思维方法。

在本章的最后，我要来说下我一位朋友曾经说过的一句话，是很意味深长的一句话。

图39-1 掌握商务数学后能够做到的事情

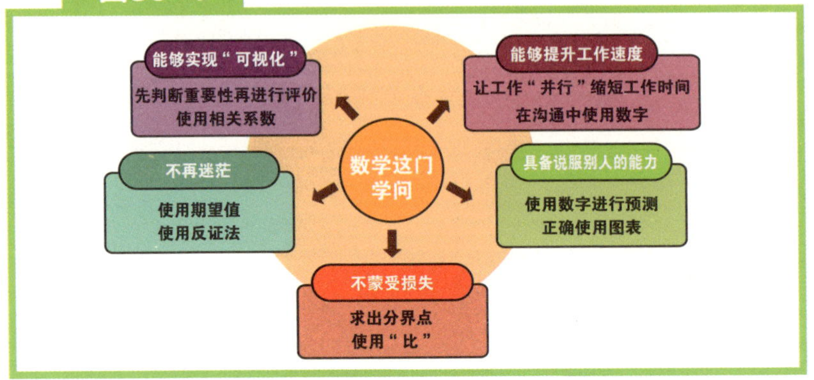

"我并不讨厌数学。但是，现在的数学家所写的书，难以勾起我的阅读兴趣。"

我在大学以及研究生时代，学的专业都是数学，所以我能理解数学家的伟大之处。他们能在我们常人难以企及的领域发现和创造出新的概念、理论，真的是很了不起，我也从内心深处尊敬他们。但是，不管多么伟大的数学家，他们也有做不到的事情，那就是了解各位商务人士的真正烦恼，为他们提供真正想要的东西。不仅仅是数学家，只要是没有在现实的商场中打拼过的人，就绝对难以理解商务人士的苦衷以及他们所需的东西。而我成为商务数学的指导者，以及这本书存在的价值，也恰恰在于此。

不过，这本书不会就此结束。我还要教会大家借助数学的力量，来改变自己的工作状态。工作状态改变了，从某种意义上说，人生也就改变了。工作并不是人生的全部，拿我个人来说，绝不会把工作当作一切。但是，工作改变了，人生也会随之改变，这也是不争的事实。

那么，该怎么"改变"呢？终于到了最后一章，我们一起去体验"改变"的乐趣吧！

最后一章

把数学当作朋友的话，你的商务工作会发生巨大的变化

40 工作量改变了

不该做的工作一定要用减法

之前我们一起学习了商务数学中的各种知识和技巧，将之付诸实践的话，会给我们的工作带来什么样的改变呢？这便是本章讨论的主题。首先，我们一起来看看有关工作量的话题。你可曾有过这样的苦恼：

不得不做的工作太多了，压得我都快喘不过气来！

肯定有不少朋友会产生共鸣：“嗯，现在我在工作中就是这种状态。”在这里，我想提出的一个问题是：“什么是不得不做的工作？”商业管理界公认的“竞争战略之父”——迈克尔·E. 波特，曾经用如下表达方式对“战略”加以概括。

决定不去做哪些事情。

我个人非常喜欢这句话。企业经营要有战略，同样，个人工作也要有战略。而且，个人工作的战略也是“决定不去做哪些事情”。

我们通过案例进行说明。在第四章中我为大家讲解“减法思维方式”的时候，曾经举过一个例子：某人为了制作重要的资料，每天加班到深夜，当他做完资料，交给上司审阅的时候，上司却说“没必要做得这么精细”，并指示他对资料进行精简。当时我向大家提议，要使用下述减法思维方式确定应该做的工作。

工作＝所需的资料－手头现有的资料

在决定“所需的资料”时，不是决定需要什么、需要做什么，而是决定不需要什么、不需要做什么。这和第五章中我讲的“5分钟说服上司的PPT展示法”是同样的道理。如何制作精美、内容丰富的PPT展示文件并不是最重要的，最重要的是看透哪些才是必需的，并仅仅将必需的内容以简洁的形式展现出来就好。也就是说，要先决定哪些工作是不需要做的。也许这个方法看上去并没有什么高明之处，但对于减少工作量，有着非常显著的实际效果。

如果你现在正被大量的工作“压得喘不过气来”，那并不是因为“不得不做的工作”太多，而是你尚不具备看透哪些工作不做也可以的能力。

读者朋友们可能会反驳说：“虽然是这个道理，但这未免太理想化了。”那接下来，我就给你举一个具体的例子吧。

问题?

假设你是一名经理，有3名部下。一天，有1名部下突然提出辞职。不过，你并没有找新人接替他的计划。今后，只有2个人来做以前3个人的工作了。虽然你已经安排剩下的2名部下把工作做好，不能耽误了工作进程。但2个人实在有些难以招架。这时，你会怎么办呢?

“迫不得已，虽然是经理，但我还是亲自出马帮帮他们吧。”——这是最差的一个答案。首先，经理和部下所做的是两种完全不同的工作；其次，即使经理亲自帮忙，也无法从根本上解决问题。如果你遇到了这种情况，应该毫不犹豫地减少现有的工作量。

举例来说，假设之前3名部下都在的时候，每人的工作量为“1”，合计的总工作量就是“3”。因为有1人退出，那么其他2人当然要将全部工作量“3”承担下来。这时，每人的工作量就是1.5。无论怎么想，这都超出了一个人的工作负荷。这是小学生都明白的道理。此时，我们需要进行“减

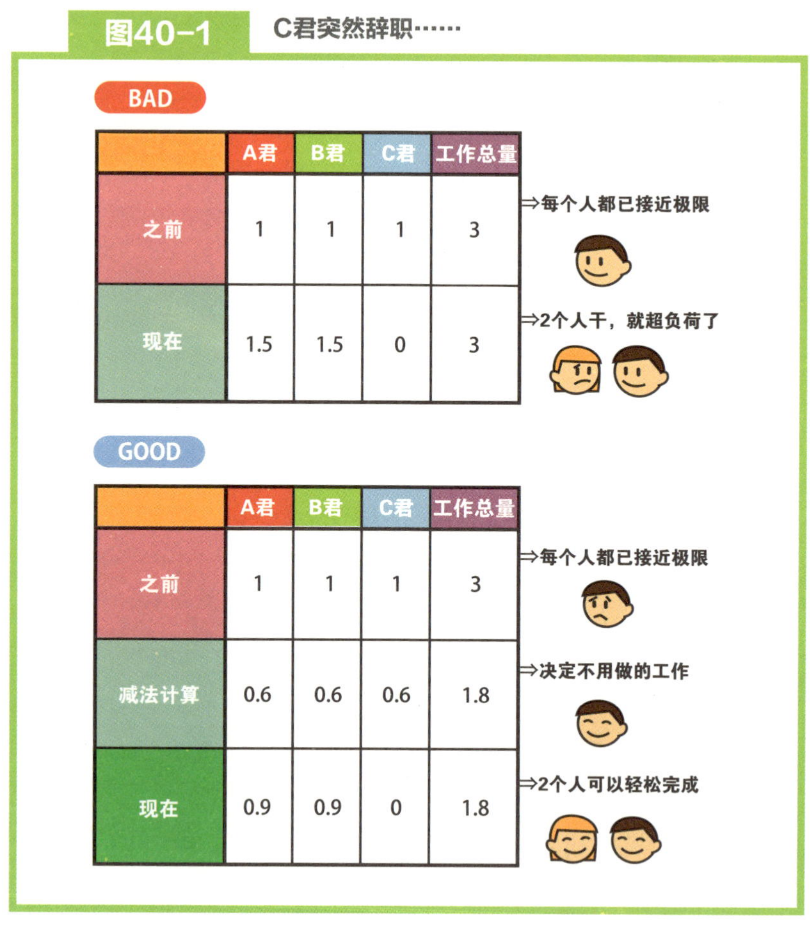

BAD

	A君	B君	C君	工作总量
之前	1	1	1	3
现在	1.5	1.5	0	3

GOOD

	A君	B君	C君	工作总量
之前	1	1	1	3
减法计算	0.6	0.6	0.6	1.8
现在	0.9	0.9	0	1.8

法”思维。首先，在原来3个人的工作中，找出那些不做也不会影响结果的工作，然后果断地删除。假如3个人的工作量都能降低到0.6的话，那么总工作量就是0.6 × 3 = 1.8。剩下的两个人分担这1.8的工作量，那么就是每人负担0.9的工作量，这绝对可以轻松完成（见图40-1）。

实际工作时，不会像表中罗列的数字那么简单！

也许你会这么想。那么，如果不采取上表中的措施，结果又会怎样呢?没错，这就要用到我在第五章中讲到的“反证法”。

已经接近极限的2个人，要让他们承担以前3个人的工作，这是不可能完成的。在不知道哪项工作该做、哪项工作不该做的情况下，原本应该优先处理的工作也可能被延后。结果，所有事情都做得个“半吊子”，导致团队整体的生产性和创造性大打折扣。由此可见，这种时候我们应该使用减法思维模式，果断地将可以不做的工作删除。

对于减少工作量，我们容易产生一种负面的印象。不过，减少不必要的工作跟“偷懒”完全是两回事。现在你所做的工作，明天预计要做的工作，真的是必须做的吗?请你用减法的思维方式对工作再次进行审视，也许这就是改变你的工作和人生的大好机会。

41 每天的报告改变了

对方想知道的信息，并不是冷冰冰的数字

本小节的主题是“报告”。报告、联络和商谈，是一名商务人士每天都会接触到的工作。现在我想跟读者朋友分享的是有关报告的一些方法和经验。

你写过“工作日报”吗？所谓“工作日报”就是每天向上司汇报工作的报告书。实际上，我以前在企业工作的时候，基本上没写过“工作日报”，而我工作的企业也没有必须每日报告的规定。可我为什么还要谈有关日报的事情呢？因为我曾经看过某个公司的“工作日报”。请你看一下下面的“工作日报”，然后我想听听你的感想。

10月1日 工作日报

案件A	3.0（小时）	没有问题，进展顺利
案件B	2.0（小时）	没有问题，进展顺利
案件C	1.5（小时）	没有问题，进展顺利
其他、杂务	1.5（小时）	和后辈商量工作，制作申请书，开会讨论新案件等。
合计	8.0（小时）	

<备注>

山田部长找我商谈了新案件D的相关事宜。关于案件D的应对方法，部长让我在明天的例会上发表意见。

今天的《日经新闻》上有一篇关于本行业的考察报告。我和新人松本君共同研读了这篇报告。各个案件都没有出现任何问题，进展顺利。如果没有特殊情况的话，预计案件C将在明天完成。

“没有什么问题呀。”“我们公司也是这样写日报的。”

相信肯定有读者朋友说出类似的感想。下面，请先听我说两句。首先，“日报”原本是为了什么而存在的？当然，是为了向上级汇报情况。不过，下面才是重点，那为了汇报什么内容而存在呢？关于这个问题的答案，大致分为两种：

① 汇报工作的种类和工作量（什么工作，以及需要花费多少时间）；

② 汇报工作的种类和进度（什么工作，以及进展到什么程度了）。

哪一种才是正确答案呢？相信聪明如你的商务人士，心中一定有了答案。没错，正确答案是②。现在，我们再回过头来看看前面的“工作日报”。我想你一定发现了其中的问题所在，那就是报告中并没有关于工作进度的描述。“没有问题，进展顺利”，在这样的报告背后，需要更加具体详细的内容作为支撑。

下面，我们就立刻对这份“工作日报”进行改善。首先，当日工作所需的时间没有必要报告。在上司看来，我们每天花多少时间做这项工作都没关系，他们想知道的是这项工作进展到了什么程度，或者还剩多少没有做完。这时我们应该怎么报告呢？就要用到之前我再三强调的使用“除法”进行评价的方法以及“没有数字制造数字”的方法。

首先，将各项工作的工作量设定为“1”。其中的理由是，要进行除法计算，需要数字。然后，确定该项工作所需要的时间（小时数或者天数）。举例来说，假设案件A总共需要30小时才能完成。

不好意思，这项工作到底需要多长时间才能完成，我不知道。

哎呀，这可难办了。如果没有计划，或者不清楚截止期限的话，工作是无法开展的。拿马拉松运动员来说，如果比赛之前他们心中没有一个计划，不清楚自己要用○小时△分钟跑完42.195千米的话，就无法在比赛中合理分配体力，也就无法发挥出自己最强的实力了。所以，不管做什么事情，必须先做计划。

将一项工作的工作量设定为“1”，又知道完成该项工作所需的时间之后，就可以计算出1小时（或者1天）要完成的工作量。以案件A为例，1小时完成的工作进度为1／30。然后再用加法计算出到目前为止一共投入到案件A中多长时间。假设案件A已经做了15小时，那么到目前为止的进度就是1／30×15＝15／30。也就是说，到现在为止，案件A已经完成了50%，从另一个角度说，工作还剩下一半。

最后，如果能在“工作日报”中写明明天预计的工作进度就更好了。理由是，在明天的“工作日报”中可以对今天的工作计划完成情况进行检验。

我们来看看下一页的图41-1中10月2日的“工作日报”。我们可以清楚地看出，案件C没有按照预定计划进行，但明天是预定完成的日子。案件A完成了一半多，案件B完成了70%，案件D还处于未着手的状态。以这些情况为基础，我们就能够安排第二天的进度了。

“没有问题，进展顺利”真是一句方便的说辞，说起来容易，听的人也高兴。但是，从另一个角度说，这句话也存在“蒙骗”“糊弄”“应付”的嫌疑。所以，作为制作报告的人，我们必须负起责任来，抛弃笼统的汇报方式，用数字和除法计算，把上司最想知道的信息具体地呈现在他眼前。

这一小节中，我是以日报为例为大家讲解数字的使用方法，实际上，在商务工作的任何方面，都可以应用这样的思维方式。即使上司并没有具体指示我们这么做，即使公司并没有规定必须如此做报告，如果我们能以数字和比例的形式制作报告书的话，一定能让上司和周围的同事感到安心，从而对

图41-1 用数字改变日报

10月1日工作日报

	总工作量	计划 所需时间	计划 每小时的工作进度	当前状况 累计工作时间	当前状况 完成率	明日计划 累计工作时间	明日计划 完成率
案件A	1	30	$\frac{1}{30}$	15	$\frac{15}{30}$	16	$\frac{16}{30}$
案件B	1	10	$\frac{1}{10}$	6	$\frac{6}{10}$	7	$\frac{7}{10}$
案件C	1	25	$\frac{1}{25}$	20	$\frac{20}{25}$	25	$\frac{25}{25}$
其他、杂务							

<备注>
山田部长找我商谈了新案件 D 的相关事宜。关于案件 D 的应对方法，部长让我在明天的例会上发表意见。
今天的《日经新闻》上有一篇关于本行业的考察报告。我和新人松本君共同研读了这篇报告。各个案件都没有出现任何问题，进展顺利。如果没有特殊情况的话，预计案件C将在明天完成。

10月2日工作日报

	总工作量	计划 所需时间	计划 每小时的工作进度	当前状况 累计工作时间	当前状况 完成率	明日计划 累计工作时间	明日计划 完成率
案件A	1	30	$\frac{1}{30}$	16	$\frac{16}{30}$	19	$\frac{19}{30}$
案件B	1	10	$\frac{1}{10}$	7	$\frac{7}{10}$	8	$\frac{8}{10}$
案件C	1	25	$\frac{1}{25}$	24	$\frac{24}{25}$	25	$\frac{25}{25}$
案件D	1	50	$\frac{1}{50}$	0	0	0	0
其他、杂务							

<备注>
增加了新任务案件D。预计总共所需时间为50小时，下周开始着手做。
案件C因为时间不够，没有如期完成，非常抱歉。明天抓紧时间，一定在中午前完成。
其他各个案件都按计划顺利进行中。

我们产生信任感。说到底，这也是我们自身能力的一种提升。而且，当我们能将工作以如此具体、明确的数字表示出来的时候，也就没那么容易被别人“蒙骗”了。

42 会议改变了

用损益的思维方式决定时间的分配

前面为你讲过“决定不去做哪些事情”和“不用工作时间评价工作，而是用进度来评价”。如果你已经将这些技巧应用到工作中了，那你在工作中花费的时间应该会有所减少。因为这些技巧都不会增加工作时间，只会减少工作时间。

不过，工作并不是一个人的“战斗”。对此，你可能也有过深刻的体会。有的时候，不管我们有多么努力，但由于受到别人的影响，也会无法按计划完成工作。其中，经常对我们的工作造成不良影响的一个典型例子就是“会议”。实际上，我以前在公司打工的时候，就经常遭遇“看不见未来，但开起来没完没了的会议”。所以，现在我思考的问题就是如何让职场上的会议变得更加有效率。

关于“会议”这个主题，很多专家都写过相关的书籍，其中贡献了不少提高会议效率的智慧。我不是这方面的专家，但我想用数学的思维方式向大家提一个建议。那就是：

在会议一开始，就宣布“本次会议将在○小时后结束。”

在实际的工作现场，只要是我主办的会议，我肯定一开始就这样宣布。为什么要这样做呢？而且这样做和商务数学到底有什么联系呢？

按照我的习惯，会先说结论，于是我把“损益”的概念引入了会议中。前面已经给朋友们讲过，作为一名商务人士，我们应该把损益的思维方式深深印在脑海中。在分界点和分摊费用的主题中，我已经详细讲解了损益的概念。不过，在这里我要讲的损益概念，要更简单一些。

问题？

某公司要开展一个成本率为65%的新商业项目，为此要召开会议商议相关事宜。假设有6人出席这个会议，那么会议的时间上限应该怎样设定？另外，该公司的人工费用为每人每小时3,000日元。

做这道题的时候，不需要详细的设定和严密的计算，“粗略地估算”就可以。

首先，有6个人参加会议，那么先计算出开会1小时所花费的成本：

3,000×6＝18,000日元

会议开两小时的话，成本就是其2倍，开3小时的话，就是其3倍……以此类推。

图42-1　开会也是有成本的

（日元）

成果		会议的成本			损益		
销售额	毛利润	1小时	2小时	3小时	1小时	2小时	3小时
50,000	17,500	18,000	36,000	54,000	-500	-18,500	-36,500
100,000	35,000	18,000	36,000	54,000	17,000	-1,000	-19,000
150,000	52,500	18,000	36,000	54,000	34,500	16,500	-1,500

1人1小时的平均费用	3,000日元
人数	6人
平均成本率	65%

接下来才是重点。举行会议并不是目的，目的是创造出具体的成果。所以，我们用销售额和毛利润来估算会议的成果。因为所讨论的商业项目的平均成本率是65%，所以可以得到图42-1罗列的数字。

我们首先要确定举行这次会议能得到什么样的成果。假设，这次会议商讨的内容能带来10万日元的销售额，如果这次会议的时间超过两小时的话，就会造成损失。也就是说，我们应该将会议时间控制在1小时之内（具体到多少分钟，这里就不进一步计算了）。

这次会议的议题大约能带来10万日元的销售额

也就是说，毛利润大约为3.5万日元

如果这次会议超过2小时的话，就会造成损失

所以，应该将会议时间控制在1小时之内

把这次会议将会带来的成果以具体数字表现出来，自然就能确定会议的时间上限。如果超过这个时间，每超过1小时就会造成18,000日元的损失。于是，我们便可以用数字的形式来把握会议的损益情况。

还有一点很重要，开会的时候，不仅举办者头脑中要有损益的意识，还要让所有与会人员都意识到这个问题。当大家都清楚这一点的时候，就不会有人发表长篇大论的“演说”，也不会进行无谓的争论。开会也是花费成本的，当会议中有人不考虑时间而反复发表无用的“演说”时，会议主持者可以当即制止说：“你现在所说的内容，花费了○○○日元的成本，你认为你所说的内容能带来比这更多的利润吗？”在会议一开始，就宣布这次会议的时间，也是出于这个目的，让大家一开始就意识到时间的重要性。

下面总结一下。用损益数字的视角来看待会议的话，就能减少很多不必要的浪费。具体流程如下：

- **会议前做好充分的准备；**
- **结果，会议中就会减少毫无意义的讨论；**
- **结果，多余的参加者减少了；**
- **结果，多余的会议减少了。**

会议这种东西，开得时间越长，与会者的注意力就越不集中，结果创造性和生产性都会大打折扣，并且只会让会议的成本不断上升。也就是说，会议时间和会议效果是成反比的。“总不见结束的会议”对于公司来说，百害而无一利，希望大家再次明确这一点。

学了这一小节的知识，明天你再召开会议时，是不是会有所改变呢?

43 PPT展示改变了

终极简化，一目了然

本书的前面为大家介绍过，只要掌握了商务数学的知识，就可以让工作实现“可视化”。所谓“可视化”，通俗地讲就是“一目了然”。在第五章分析重要性以及相关系数的话题中，我讲过将定性的东西变成定量的东西后，可以为工作带来好的影响。那么，我问你一个问题：在工作中的哪些情况下，“可视化”能够发挥最大的威力？也许你会回答：“自己进行分析和面临选择的时候。”确实没错，但是，还有更需要“可视化”的情况，那就是：

想说服别人的时候。

想说服别人时，最常见的就是使用PPT软件进行展示说明。所以，在这一小节中，我将教你如何用数字来说服别人，希望能为你的PPT展示说明工作提供一些灵感。

我还是先来提一个问题：为了让商务工作实现“可视化”，最重要的是什么？其实，“可视化”这个词具有很广的含义。将数据以表格的形式呈现出来，让所有人都能看懂，这算是“可视化”；将会议记录简洁地整理出来，让大家对会议内容一目了然，也算是“可视化”。总之，“可视化”具有多种多样的解释。不过，PPT展示所需要的“可视化”，稍微有点不同。

现在，请你回想一下第五章中出现的分析重要性与相关系数的共同点是什么。它们的共同点是定量化？确实如此，但是还有一个共同点，请你再深入想一下。结论就是：

用一个数字来表现。

例如，面临选择的时候，先分析各个选项的重要性，然后将每个选项都用1个数字表示。之后，该选哪个选项，任何人都能一目了然。使用相关系数也是一样，看一组数据能否使用，只要用一个数字表示，就能让所有人轻松做出判断。由此可见，要想向别人传达信息，并使对方理解的话，我们需要做到极致简化，让对方一目了然。

PPT展示说明时所需的“可视化”是：

◎只用1个数字进行表示；

◎只用1行文字进行表示。

举个例子，有一个显示人体是否肥胖的指标BMI（Body Mass Index）。这个指标使用体重与身高平方的比来表示一个人的肥胖程度。

BMI＝体重kg／身高m^2

如果没有这个指标，只用一句“你太胖了”来说服对方减肥的话，恐怕不但难以达到目的，还会招致对方生气吧。但如果用BMI这一个指标来向对方传达肥胖的信息，相信说服力一定很强吧（见图43－1）。

在商务工作中，也有类似的方法。

图43-1 “可视化”能够大大增加说服力

BMI（Body Mass Index） BMI = 体重 kg ／身高 m^2

BMI	判定	
40 以上	4度肥胖	肥胖
35~40	3度肥胖	
30~35	2度肥胖	
25~30	1度肥胖	
18.5~25	普通体重	
18.5以下	体重偏低	

唉，我真的有点胖啊
看来得想办法减肥了。

本公司的经营体制

本公司有三个重要支柱，必须使它们之间发挥出相乘效应，达到相互支持、共同进步的效果。

最重要的就是具有商品调拨能力的营业部门。

其次，负责开发客户的市场营销部门也很重要。

再有，就是在背后起到支持作用的系统部门，也是不可或缺的。

除此之外，肩负培养、管理人才的人事部门，以及管理财物、会计的财务部门都在各自的领域中发挥着重要作用。

各位同仁，我们大家应该团结一心！

尽自己的努力为建设更美好的社会贡献自己的力量！

下面一段文章是某企业的经营者在向企业全体员工做展示说明时，关于企业经营体制想说的一段话（见上面方框内的文字）。请你用PPT软件的一个页面来表达他想说的意思。

一开始说有三个重要支柱，可后来一共有五个部门登场……结果，到底哪些部门才是最重要的支柱，令人难以把握。所以，不将上述一段话进行极致简化的话，就难以把中心思想传达给全体员工。我决定只用一行文字来表达上述那段话的中心思想。什么？你表示怀疑？我真的可以，因为我会使用数学的魔力。

经营者想表达的是让营业部门、市场营销部门和系统部门相互协作，发挥相乘效应，因为这三个部门之间是“乘法”的关系。而人事部门和财务部门起到协助的作用，和前三个部门之间可以用“加法”表示。所以，经营者的那段话如果让我用PPT软件的一个页面表示的话，我只需要一行文字即可，然后在展示的时候再进行口头说明。

本公司的经营体制＝（营业部门×市场营销部门×系统部门）＋人事部门＋财务部门

在这里，我请你回想一下当年上学的时候学过的数学教科书，其中有一种叫作“公式”的东西。几乎所有公式都非常简单，而且大多只用一行数字或文字表示。只有如此简洁，才容易记忆，也容易使用。

我们想要传达的信息，并不是单单靠“可视化”就可以有效传达给别人的。拿PPT展示来说，我们还必须站在对方的角度，在充分为对方着想的基础上将自己想要传达的信息以最为简洁、一目了然的形式表现出来，这样才能真正引起对方的注意。以前，我们做的PPT展示之所以缺乏说服力，可能就是因为将表达意思当作了最终目的。现在，如果我们加入了为对方着想的因素，就能使自己的说服力极大地提升。这种方法，请你一定要在工作中加以实践！

44 说话方式改变了

成为现场说明高手的秘诀

掌握了本书中所介绍的商务数学的知识之后，你的说话方式也会随之改变。具体来说，就是讲话更加富有理论性，条理清晰且浅显易懂。哎哟，我似乎看到你露出了不太相信的表情（笑）。确实，很多人都想象不出“数学”和“说话方式”这两个主题之间会存在联系，但实际上，二者之间不但有联系，而且联系还非常紧密呢。

在我看来，数学就是不断重复下面三个词的一门学问。实际上，在这本书中，下面三个词也是使用频率最高的（有的时候表现方式可能不尽相同）。它们分别是：

“例如”“因此”和“为什么”。

举个例子，在第五章中曾经为你介绍过有关期望值的主题，请你回想一下。

例如，（抛硬币的游戏）
↓
数学的根据（对期望值进行说明）
↓
因此
↓
应该选择选项②（结论）

例如，（抛硬币的游戏）
↑
数学的根据（对期望值进行说明）
↑
为什么
↑
应该选择选项②（结论）

在第五章中，我用的是左侧的论述方法。如果将这个流程反过来，将“因此”换成“为什么”的话，就变成了右侧的论述方法，这是一种先阐明结论再论述根据的方法。

同样，再请你回忆一下第五章中计算预测值的话题。

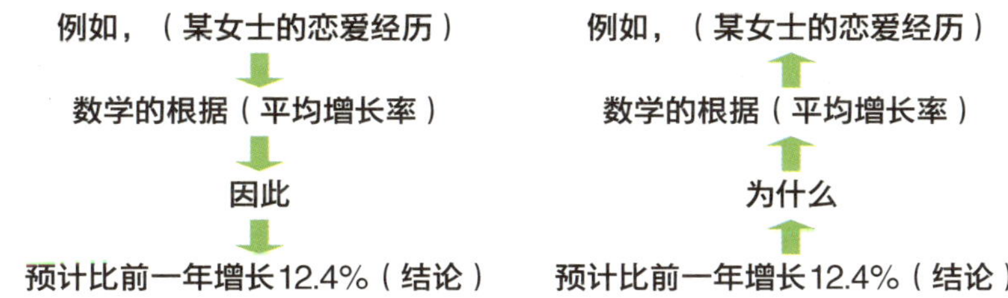

怎么样？想起来了吗？第五章中，关于预测值的话题，我也是按照左侧的顺序进行论述的。当然，如果使用右侧的方法，也能收到很好的效果。在这里，我想说的是，各位朋友们在实际工作中，也会和我一样，遇到要向第三者进行说明的情况。这个时候，建议你使用“例如”“因此”和“为什么”这三个关键词，不管选用上述哪种论述流程，肯定都能将事情说清楚。学生时代时，在纸上解决问题即可。但是，进入职场之后，就要真刀真枪地解决问题了。向同事、上司甚至客户进行说明的场合大大增多，不用向别人说明，只要自己清楚就好的事情几乎没有。使用商务数学的知识、技巧和思维方式，能让我们的说明更有理论性，条理更清晰，也更容易让别人听懂。

实际上，以前我非常不善于一对一地与别人谈话。我并不属于在人前可以出口成章、妙语连珠的类型，知道我是讲师的人可能很难相信这一点，可事实真的如此。不过，我在讲课的时候，却得到了很高的评价。他们说我“讲得很仔细，而且很好理解”，为什么会有这样的评语？我想，可能是因为我讲课时比较有层次感吧。那到底是什么样的层次感呢？答案就是多使用

“例如”“因此”和“为什么”这三个关键词。

我经常为即将毕业和准备就业的大学生讲课，我发现很多大学生有一个共同的问题，那就是：

我怎么也学不会理论性的思考方式和说话方式，看来我真是很差劲啊。

对于他们这样的困惑，我会一脸认真地回答：

大家要想学会理论性的说话方式，可以去当数学家庭教师，即给中学生补习数学就行。

我的意思就是，站在给别人进行说明的角度去实践，就能养成理论性的说话方式。商务人士也是一样，要想让自己说话时更清晰更有条理，更容易让别人理解的话，与其读那些讲演讲技巧和逻辑思维的书籍，不如到实际工作中去实践。运用商务数学的技巧，并将这些技巧积极地向第三者进行说明，在教会别人的同时也锻炼了自己的表达能力。虽然短时间内也许见不到明显的效果，但只要有意识地去锻炼，长期坚持下去一定能改变你的说话方式。

“你的讲解真是浅显易懂！”当别人这样表扬你的时候，就证明你的说话方式已经改变了。

45 人生改变了

用三段论法传达最后一个信息

这本书中，我讲的是如何将数学应用到商务工作中。在最后一个小节，我想讲点有关“人生”的话题。“哎哟，你要给别人讲人生了？”听到我要讲人生的话题，我身边的朋友都会这样嘲讽我一番。确实，我也知道自己还谈不上成熟，对人生的见解也很粗浅，但确实还有最后一个信息想要传达给大家。

当我们开始工作，成为商务人士之后，一生中累计的工作会占到人生的多少比例呢？如果你认真地从第一页读到这里的话，就不应该回答：“这个……我不太清楚。”而是充满自信地说：“只要稍加推算，就能得出结果。”这是最后的一次机会了，所以我想和大家一起计算一下。

我们姑且把工作之前和退休之后的时间排除。假设实际工作的年龄是22岁到65岁，也就是说，一共43年。我们可以用乘法计算出43年有多少小时。

43（年）×365（日）×24（小时）=376,680（小时）

嗯，将近38万小时。说漫长也漫长，说短暂也短暂……

那么，在这段时间内，我们花在工作上的时间又是多少呢？

假设1年之中有2／3的日子是工作日，工作日的天数就为：365×2／3≈240天。

如果算上上下班花在路上的时间，平均1天的工作时间大约为9小时。

这样的话，43年间花在工作上的时间有多少小时呢?

43（年）×240（日）×9（小时）=92,880（小时）

92,880小时！虽然计算出了具体的数字，但是对于这个数字，我们难以产生具体的感受。

一切准备就绪，下面我们就该求比例了。

92,880÷376,680≈0.24658

这样一来，对于工作的时间，我们终于有点概念了。只进行了粗略的计算，我们就可以知道从学校毕业到退休的这段时间，我们有25%的时间是在工作。如果我们能改变在人生中比例如此之大的工作，那将给整个人生带来很大的影响，你不这么想吗?

各位朋友，你能在现在的工作中体验到快乐吗？能得到充实感和满足感吗？你对职场周围的人心怀感恩吗？你有忘我投入的工作状态吗？如果你不能满怀自信地回答“Yes”，那么你就有必要靠自己的力量来改变工作的现状。

说实话，我在工作中就曾有过不太开心的经历，我就不详细讲述了，总之是因为我自己的不成熟，使我在工作中经历了好几次严峻的考验，而且每一次都把我推到了危机的顶点。

现在回想一下，当时我是靠什么渡过危机的，不是手也不是脚，而是“头脑”。在其他人都不知道正确答案的状况下，我用头脑思考，并得到了独特答案，然后付诸行动。这就是我能在危机中实施自救、改变工作状态最大的原因。这也是我通过研究数学知识所掌握的“使用头脑”的能力。

结果，我的人生发生了很大的变化。如今，我真心地享受着我的工作。

在这里，想传达给读者朋友的最后一个信息，我要用三段论法表示出来。

使用数学，工作可以改变。

工作改变了，人生也会随之改变。

因此，使用数学可以改变人生。

这就是我想告诉朋友们的最后一个信息，实际例子就是深泽真太郎，也就是我自己的经历。

朋友们，以前你一直讨厌的数学，今后一定能成为你工作中的好帮手。我们离开数学课本的日子已经很久远了，不过离开数学的时间越长，我们改变现状的可能性也就越大。

以恋爱为例，第一次见到对方的时候，也许对他（她）的印象很差，但经过交往会意外地发现，他（她）也是个好人，最后和对方结婚。如此改变人生的例子在现实中数不胜数。

如果读过这本书之后，有的人工作发生了改变，有的人人生发生了改变，哪怕只有一个人，我也会感到万分开心！

对于你耐心的阅读，我表示衷心的感谢！

我们一定还会再见的！

后　记

对于读者朋友耐心地读到最后，我再一次表示由衷的感谢！

最后，我想给读者朋友讲述一下这本书诞生的原委。

我研究生毕业之后，成为了一名数学讲师。

当时我的动机是“因为我擅长数学”“因为我喜欢教数学”。

也就是说，其中的理由是“for me”。

然而，由于种种原因，我后来进入了其他行业，在商场上打拼了十年，现在又重新当上了数学讲师。

不过，现在的动机和当初有所不同，变成了“我想为社会贡献绵薄之力”和“想用我的专业让别人生活得更幸福”。

也就是说，其中的理由是“for you”。

这个变化，是怎么发生的呢?

因为我发现，数学的理论和思维方式在实际商务工作中根本没有得到充分的应用。

“有能力的商务人士对数字非常敏感”，在职场中，也只有这一句评价跟数学有点关系。可是，对于每天忙得昏天黑地的商务人士而言，并没有人给予他们具体的数学指导。

于是我想：“我应该能为他们做点什么。”

我又认真观察了一下周围的状况。

在持续的不景气状况下，日本企业都在苦境中挣扎。而日本人也在极限状态下坚持着工作。在这种状况下，日本人对数字的认知能力不断下降，而大多数人大部分时间都忙于生计，除了极少数的数学爱好者之外，大部分人一旦离开了学校，就永远和数学说再见了。我认为，不能让这种状态再发展下去了。

也许有数学家看到我这本书，会批评说：“你这本书里讲的根本算不上数学。”也许有指导高考生的数学老师看到我这本书，会嘲笑说：“现实中可没有这么轻松的数学。”但是，我是这样想的：

“尽管他们那么说，但我所讲的数学也算是给数学大家庭增添了一抹新绿呀。”

在当今的世界，应该有各种各样的“新数学”登场。即使赞成和否定的人各占一半，但至少可以充实我们贫瘠的数学教育。

这就是我的愿望，也是这本书诞生的理由。

这本书集中了平时对我大力支持的各种各样的人的思想和正能量。这个结晶，哪怕只对读者朋友有一点点帮助，作为作者的我也会感到万分的高兴和无上的荣耀！

在此我要特别感谢日本钻石社书籍编辑部的久我茂先生，为了这本书能够出版面世，他和我就像玩“两人三足赛跑”一样，绑在一起共同努力了很久。

最后，我还要感谢一直在背后默默支持我的妻子智子以及家人，我要衷心地说一句：

“谢谢你们！”

深泽真太郎

2013年1月